처음부터 다시
시작하는 **왕초보 영어 단어장**

English

WCB
Word
Master

처음부터 다시 시작하는
왕초보 영어 단어장
WCB English Word Master

저　자　서지위, 장현애
발행인　고본화
발　행　반석출판사
2022년 12월 10일 초판 3쇄 인쇄
2022년 12월 15일 초판 3쇄 발행
반석출판사 | www.bansok.co.kr
이메일 | bansok@bansok.co.kr
블로그 | blog.naver.com/bansokbooks

07547 서울시 강서구 양천로 583, B동 1007호
(서울시 강서구 염창동 240-21번지 우림블루나인 비즈니스센터 B동 1007호)
대표전화　02) 2093-3399　　팩 스　02) 2093-3393
출 판 부　02) 2093-3395　　영업부　02) 2093-3396
등록번호　제315-2008-000033호

Copyright ⓒ 서지위, 장현애

ISBN 978-89-7172-921-2 (13740)

처음부터 다시
시작하는 **왕초보 영어 단어장**

English

WCB
Word
Master

반석출판사
Bansok

머리말

어학 공부에서 가장 중요한 것은 어휘력입니다. 어휘의 양에 따라 문장의 표현력과 구사능력이 상당히 달라지기에 풍부한 단어 습득은 어학을 시작하는 분들에게 일 순위 관문이 될 것입니다.

더 많은 단어를 가지는 것은 더 많은 표현의 기반을 마련하고 한 걸음 나아간 어학 공부를 향해 가는 자산을 축척하는 일이라고 할 수 있습니다.

그래서 저자는 독자들이 더 쉽고, 흥미롭고, 지루하지 않게 단어를 습득할 수 있어야 한다고 생각하게 되었습니다. 그리고 이를 돕고자 하는 노력의 일환으로 이미지를 삽입해서 어학이 가지는 지루하고 무미건조하며 삭막한 느낌을 배제하고, 친근감과 호감이 가미된 생명력이 있는 책을 만들고자 했습니다.

모든 학습의 기본은 흥미입니다. 흥미는 사람의 감성을 자극해서 호감을 불러일으키고 숨어 있는 잠재의식을 이끌어내는 놀라운 힘을 가졌습니다. 이 책은 무엇보다도 독자의 흥미를 자극해서 초급의 독자들도 적지 않은 단어들을 익힐 수 있도록 도와줍니다.

이미지는 인간의 역사가 태동하기 전부터 사람의 의식 저변에 깔린 무의식과 연결되어 있습니다.

단어를 이미지와 함께 공부했을 때가 그렇지 않은 경우보다 더 효율적이라는 것은 사회에서 널리 통용되고 공감하는 부분이기도 합니다.

반복에 반복을 거듭하며 고단하게 학습해야 할 어학 공부의 여정길에 생동감 넘치는 그림들이 친구가 되어 함께 하고 싶습니다.

저자 서지위, 장현애

검수자 : James P. B. Fogerty(Kent State University, Dankook University)

이 책의 특징

외국어를 잘 하는 첫걸음은 무엇보다도 재미있게 공부하는 것입니다. 내가 일상생활에서 자주 접하는 것들을 배우고자 하는 언어로 옮겨보면서 우리는 재미와 흥미를 느끼고 외국어를 더 잘 습득하게 되지요. 이 책은 이처럼 우리가 자주 접하거나 사용하는 단어들을 주제별로 분류하여서 재미있게 공부할 수 있도록 하였습니다.

또한 단순히 단어를 나열하기만 한 것이 아니라, 단어와 함께 재미있는 이미지를 제공하여 단어의 확실한 의미가 보다 오랫동안 뇌리에 남게 하였습니다. 그리고 단어를 활용해 실생활에서 사용할 수 있는 대화 표현들도 함께 수록하였습니다.

초보자도 쉽게 따라 읽으며 학습할 수 있도록 영어 발음을 원음에 가깝게 한글로 표기하였고, 원어민의 정확한 발음이 실린 mp3 파일을 반석출판사 홈페이지(www.bansok.co.kr)에서 무료로 제공합니다. 이 음원은 한국어 뜻도 함께 녹음되어 있어 음원을 들으며 단어 공부하기에 아주 좋습니다.

Intro
한국 음식
세계 음식

우리가 좋아하는 음식들의 영어 이름을 수록하였습니다. 맛있는 음식들을 상기하면서 즐겁게 공부할 수도 있고 외국인과 대화를 할 때에 우리 음식이나 세계 음식을 영어로 소개할 수 있게 하였습니다.

Part 01
인간과
생활

우리 자신에 대해 소개할 때에 사용되는 단어들이 수록되었습니다. 가족, 외모, 성격, 직업, 신체 등 나와 관련된 다양한 단어들을 습득할 수 있습니다. 또한 쉽게 나의 생각이나 감정, 상태를 표현할 수 있도록 짧은 단어로 이루어진 표현과 행동을 나타내는 동사들을 정리하였습니다.

Part 02
사회와
생활

시간이나 요일, 날씨 등 우리가 사는 사회 속에서 필요한 여러 개념들을 학습할 수 있는 부분입니다. 스포츠나 야외 활동, 취미, 영어 약어 등 우리가 하는 활동들과 자주 사용하는 표현들을 익힐 수 있습니다.

Part 03
여행과
교통

우리 자신에 대해 소개할 때에 사용되는 단어들이 수록되었습니다. 가족, 외모, 성격, 직업, 신체 등 나와 관련된 다양한 단어들을 습득할 수 있습니다. 또한 쉽게 나의 생각이나 감정, 상태를 표현할 수 있도록 짧은 단어로 이루어진 표현과 행동을 나타내는 동사들을 정리하였습니다.

Part 04
의복과
음식

여행을 갈 때 이용하는 교통과 숙박 및 쇼핑 시설 등과 관련된 단어들이 수록되어 있습니다. 공항에서부터 비행기, 다양한 교통수단과 관광, 호텔, 쇼핑 등 여행 과정에서 접할 수 있는 상황들을 순서대로 정리하였습니다.

Part 05
집과
자연

우리가 사는 집의 내·외부, 그리고 광활한 자연과 관련된 단어들을 모아보았습니다. 뿐만 아니라 아플 때 사용하는 단어들, 탄생석과 탄생화 같은 흥미로운 주제의 단어들, 세상에서 가장 아름다운 영어 단어들을 통해 영어 학습의 외연을 확장할 수 있을 것입니다.

컴팩트
단어장

본문의 단어들을 우리말 뜻, 영어, 한글 발음만 표기하여 한 번 더 실었습니다. 그림과 함께 익힌 단어들을 컴팩트 단어장으로 복습해 보세요.

목차

Intro

한국 음식, 세계 음식

김밥
Dried Seaweed
Rolls(Korean Rolls)

김치볶음밥
Kimchi Fried Rice

돌솥비빔밥
Sizzling Stone Pot
Bibimbap

밥
Cooked White Rice

불고기덮밥
Bulgogi with Rice

비빔밥
Rice Mixed with
Vegetables and Beef

산채비빔밥
Mountain
Vegetable
Bibimbap

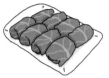
쌈밥
Rice with Leaf
Wraps

영양돌솥밥
Nutritious Stone
Pot Rice

오징어덮밥
Spicy Sauteed
Squid with Rice

콩나물국밥
Bean Sprout Soup
with Rice

잣죽
Pine Nut Porridge

전복죽
Rice Porridge with
Abalone

호박죽
Pumpkin Porridge

흑임자죽
Black Sesame and
Rice Porridge

만두
Mandu

Korean Food

물냉면
Chilled Buckwheat
Noodle Soup

비빔국수
Mixed Noodles

비빔냉면
Spicy Mixed
Buckwheat Noodles

수제비
Sujebi(Korean
Style Pasta Soup)

잔치국수
Banquet Noodles

쟁반국수
Jumbo Sized
Buckwheat Noodles

칼국수
Noodle Soup
Wheat Noodles

갈비탕
Short Rib Soup

감자탕
Pork-on-the-
Bone Soup with
Potatoes

곰탕
Thick Beef Bone
Soup

된장국
Soybean Paste
Soup

떡국
Sliced Rice Cake
Soup

떡만둣국
Rice cake and
Mandu Soup

만둣국
Mandu Soup

매운탕
Spicy Fish Soup

미역국
Seaweed Soup

비프 렌당
Rendang

나시고랭
Nasi goreng

스시
Sushi

톰 얌 궁
Tom yam kung

파타이
Pad thai

솜탐
Papaya salad

딤섬
Dim sum

라면
Ramen

베이징 덕
Peking duck

마사만 커리
Massaman curry

라자냐
Lasagna

김치
Kimchi

치킨 라이스
Chicken rice

사테
Satay

아이스크림
Icecream

케밥
Kebab

World Food

젤라또
Gelato

크롸상
Croissant

그린커리
Greencurry

포
Pho

피시 앤 칩스
Fish 'n' chips

에그 타르트
Egg tart

불고기
Bulgogi

볶음밥
Fried rice

페낭 아삼 락사
Penang assam
laksa

타코
Tacos

칠리 크랩
Chili crab

바비큐 포크
Barbecue pork

치즈버거
Cheeseburger

랍스터
Lobster

시푸드 빠에야
Seafood paella

무남톡
Mu nam tok

Part
01

인간과 생활

할아버지
grandfather
그랜드파더

할머니
grandmother
그랜드마더

조부모
grandparents
그랜드 페어런츠

아버지
father
파더

어머니
mother
머더

부모, 어버이
parent
페어런트

남편
husband
허즈번드

아내
wife
와이프

형제, 형, 오빠,
아우
brother
브라더

자매, 언니, 누나,
여동생
sister
씨스터

아들, 자식
son
썬

딸
daughter
도터

가족이 몇 명이에요?

How many people are in your family?

하우 매니 피플 아 인 유어 패밀리

아저씨
uncle
엉클

아주머니
aunt
앤트

장인, 시아버지
father-in-law
파더 인 로:

장모, 시어머니
mother-in-law
마더 인 로:

처부모, 시부모
parents-in-law
페어런츠 인 로:

형수, 계수, 동서
sister-in-law
씨스터 인 로:

처남, 매부, 시숙
brother-in-law
브라더 인 로:

사촌, 종형제
cousin
커즌

조카
nephew
네퓨

조카딸
niece
니스

며느리
daughter-in-law
도터 인 로:

사위
son-in-law
썬 인 로:

5명이에요.
I have five family members.
아이 해브 파이브 패밀리 멤버스

외모 지상주의
lookism
루키즘

얼굴형
face shapes
페이스 쉐입스

마름모꼴
diamond
다이아몬드

역삼각형
inverted triangle
인버티드 트라이앵글

타원형
oblong
오브롱

계란형
oval
오블

직사각형
rectangle
렉탱글

둥근형
round
라운드

사각형
square
스퀘어

건성 피부
dry skin
드라이 스킨

지성 피부
oily skin
오일리 스킨

갈색 피부
brown skin
브라운 스킨

난 얼굴이 매력적이라고 생각해.
I believe I have a charming face.
아이 빌리브 아이 해브 어 차밍 페이스

Appearance ①

푸석푸석한 피부
crumbly skin
크럼블리 스킨

검은 피부
dark skin
다크 스킨

하얀 피부
fair skin
페어 스킨

주근깨
freckle
프레클

피부가 좋은
good skin
굿 스킨

점
mole
모울

여드름 난 얼굴
pizza face
핏자 페이스

거친 피부
rough skin
러프 스킨

피부관리
skin care
스킨 케어

피부색
skin-color
스킨 컬러

햇볕에 탄
sunburnt
썬번트

미백
whitening
화이트닝

그녀는 성형수술 했어
She had plastic surgery.
쉬 해드 어 플라스틱 써저리

대머리
bald
볼:드

금발 머리
blonde
블론드

곱슬머리
curly hair
컬리 헤어

짙은 머리
dark hair
다크 헤어

밝은 머리
fair hair
페어 헤어

긴 머리
long hair
롱 헤어

뒤로 묶은 머리
pony tail
포니 테일

짧은 머리
short hair
숏트 헤어

직모
straight hair
스트뤠잇트 헤어

턱수염
beard
비어드

염소수염
goatee
고우티:

콧수염
mustache
머스태쉬

그 여자는 얼굴에 주근깨투성이군
She's got a freckled face.
쉬즈 갓 어 프레클드 페이스

Appearance ②

구레나룻
side burn
사이드번

짧고 억센 수염
stubbles
스터블스

고양이 수염
whiskers
위스커스

코주부
bignose
빅 노우즈

보조개
dimple
딤플

쌍꺼풀
double-eyelid
더블 아이리드

주근깨가 난
freckled
프레클드

이마 주름
forehead
wrinkles
포어헤드 링클즈

진한 화장
heavy makeup
헤비 메이컵

팔자 주름
laugh lines
래프 라인즈

딸기코
red nose
레드 노우즈

주름
wrinkle
링클

나는 한 쪽 뺨에 보조개가 있어
I have a dimple on one cheek.
아이 해버 딤플 온 원 치:크

매력적인
attractive
어트랙티브

몸집이 큰
beefy
비:피

배불뚝이
beer belly
비어 벨리

통통한
chubby
처비

귀여운
cute
큐:트

뚱뚱한
fat
팻

근사한
gorgeous
고저스

섹시한
hot
핫

허리가 잘록한
hourglass
아워글래스

허리 군살
love handle
러브 핸들

근육질의
muscular
머스큘러

비만인
obese
오우비스:

나는 배불뚝이야
I have a beer belly.
아이 해버 비어 벨리

노안의
aged
에이지드

몸매가 엉망인
out of shape
아웃 오브 쉐이프

비만인
overweight
오버웨잇트

통통한
plump
플럼프

부스스한
disheveled
디쉐블드

말라빠진
skinny
스키니

날씬한
slim
슬림

땅딸막한
stocky
스토키

마른
thin
씬

추한
ugly
어글리

몸매가 좋은
well built
웰 빌트

동안의
young
영

그녀는 동안이에요.
She looks young.
쉬 룩스 영

앞머리
bangs
뱅스

이발소
barbershop
바버샵

이발사
barber
바버

머리를 말리다
blow dry
블로우 드라이

단발머리
bob haircut
밥 헤어컷

바가지 머리
bowl cut
보울 컷

머리를 땋다
braid one's hair
브레이드 원스 헤어

군인 머리
buzz cut
버즈 컷

단발머리
chin-length bob
친 렝스 밥

이대팔 머리
comb over
콤 오버

크루 커트
crew cut
크루 컷

염색하다
dye
다이

어떤 헤어스타일을 원하세요?
What kind of hair style would you like?
왓 카인덥 헤어 스타일 우쥬 라이크

Hairstyle

상고머리
flat top
플랫 탑

곱슬머리
curly hair
컬리 헤어

반백의 머리
grey
그레이

미용실
hair salon
헤어 쌀롱

가르마
part
파:트

파마
perm
퍼엄:

삐삐머리
pigtail
피그테일

묶은 머리
ponytail
포니테일

헝클어진 머리
messy hair
메시 헤어

올린 머리
bun
번

올림머리
updo
업두

웨이브진 머리
wavy hair
웨이비 헤어

자연스럽게 해주세요.
I want a casual look.
아이 원트 어 캐주얼 룩

25

화난
angry
앵그리

짜증난
annoyed
어노이드

걱정스러운
anxious
앵셔스

경악하는
astonished
어스토니쉬드

지루한
bored
보어드

행복한
delighted
딜라잇티드

우울한
depressed
디프레스드

실망한
disappointed
디스어포인티드

역겨워하는
disgusted
디스거스티드

열정적인
enthusiastic
인써지애스틱

신난
excited
익싸이티드

지친
exhausted
이그조스티드

오늘 기분이 어때요?
How do you feel today?
하우 두 유 필 투데이

분노하는
furious
퓨리어스

행복한
happy
해피

격노한
livid
리비드

불행한
miserable
미저러블

기쁜
pleased
플리즈드

편안한
relaxed
릴랙스드

슬픈
sad
새드

스트레스 받는
stressed
스트레스트

놀란
surprised
써프라이즈드

피곤한
tired
타이어드

녹초가 된
weary
웨어리

걱정하는
worried
워리드

무척 좋아!
I'm very good!
아임 베리 굿

멍 때리는
absent-minded
앱슨트 마인디드

대담한
adventurous
어드벤처러스

거만한
arrogant
애러건트

지루한
boring
보링

용감한
brave
브레이브

차분한
calm
카암:

신중한
cautious
코:셔스

건방진
cheeky
치키

명랑한
cheerful
치어풀

영리한
clever
클레버

자만심이 강한
conceited
컨씨티드

방종한
self-indulgent
셀프-인덜전트

그는 성격이 어때요?
What's his personality like?
왓츠 히즈 퍼스낼리티 라이크

28

겁 많은, 비겁한
coward
카워드

미친
crazy
크레이쥐

상스러운
crude
크루드

부정직한
dishonest
디스아니스트

반항하는
disobedient
디스오베디언트

감정적인
emotional
이모셔널

외향적인
extroverted
엑스트러버티드

호의적인
friendly
프렌들리

재미있는
funny
퍼니

관대한
generous
제너러스

근면한
hard-working
하드 워킹

정직한
honest
아니스트

그는 느긋해요.
He has a slow temper.
히 해즈 어 슬로우 템퍼

29

성급한
hot-headed
핫 헤디드

조급한
impatient
임페이션트

건방진
impolite
임폴라이트

충동적인
impulsive
임펄시브

총명한
intelligent
인텔리전트

내성적인
introverted
인트로버티드

친절한
kind
카인드

게으른
lazy
레이지

인색한
mean
미:인

겸손한
modest
마디스트

변덕스러운
moody
무디

사교적인
outgoing
아웃고잉

성격이 내향적인가요, 외향적인가요?
Are you introverted, or extroverted?
아 유 인트로버티드, 오어 엑스트로버티드

인내심이 있는
patient
페이션트

겸손한
polite
폴라이트

절조 있는
principled
프린씨플드

무례한
rude
루드

현명한
sensible
쎈서블

민감한
sensitive
쎈서티브

진지한
serious
씨리어스

수줍어하는
shy
샤이

속물의
snobbish
스나:비쉬

멍청한
stupid
스튜피드

유능한
talented
탤런티드

재치 있는
witty
위티

저는 다소 외향적인 편이에요.
I am rather extroverted.
아임 래더 엑스트로버티드

동의하다
agree
어그뤼:

나타나다
appear
어피어

감사하다
appreciate
어프리시에이트

믿다
believe
빌리브

속하다
belong
빌롱

고려하다
consider
컨시더

의심하다
doubt
다웃트

즐기다
enjoy
인죠이

두려워하다
fear
휘어

느끼다
feel
필:

발견하다
find
화인드

잊다
forget
훠겟

내 말에 동의하니?
Do you agree with me?
두 유 어그리 위드 미

증오하다
hate
헤이트

가지다
have
해브

듣다
hear
히어

바라다
hope
호프

알다
know
노우

좋아하다
like
라이크

살다
live
리브

보다
look
룩

사랑하다
love
러브

의미하다
mean
미인:

주의하다
mind
마인드

필요하다
need
니드

그래, 난 의견에는 전부 동의해.
Yes. I agree with you in all your views.
예스, 아이 어그리 위드 유 인 올 유어 뷰스

33

늦잠자다
oversleep
오버슬립

선호하다
prefer
프리훠

인식하다
recognize
뤠커그나이즈

깨닫다
realize
리얼라이즈

기운 나게 하다
refresh
리흐뤠쉬

기억하다
remember
리멤버

요구하다
require
뤼콰이어

～와 닮다
resemble
리젬블

쉬다
rest
뤠스트

만족시키다
satisfy
새티스화이

보다
see
씨

～으로 보이다
seem
씸

뭐하고 있어?
What are you doing?
왓 아 유 두잉

보이다
show
쇼우

냄새를 맡다
smell
스멜

들리다
sound
사운드

말하다
speak
스피크

추정하다
suppose
서포우즈

맛을 보다
taste
테이스트

생각하다
think
씽크

이해하다
understand
언더스탠드

잠 깨다
wake
웨이크

원하다
want
원트

바라다
wish
위쉬

일하다
work
워:크

잠시 멍 때리고 있었어.
I spaced out for a moment.
아이 스페이스드 아웃 포 어 모먼트

에취
ahchoo
아:츄

삐~
beep(bleep)
빕(블립)

조잘조잘
bla bla
블라블라

철퍼덕
bloosh
블루쉬

부글부글(거품)
bubble bubble
버블버블

쨍그랑
crash
크래쉬

짝짝
clap clap
클랩클랩

아삭아삭
crunch
크런취

꾸물거리다
dilly-dally
딜리-댈리

땡땡
ding-dong
딩-동

앗싸
yay
예이

왁자지껄
hurly-burly
허얼리버얼리

슬퍼! alas! ★ 윙 (벌 등이 날아갈 때) bing ★ 대포소리 boom ★ 꿀꺽 glug ★ 꼬로록 growl ★ 우와 (기쁠 때) hoopee! ★ 아이구 참 jeepers ★ 콜록콜록 koff koff ★ 안돼! nix! ★ 아야 ouch ★ 두근두근 pit-a-pat ★ 펑! pop! ★ 으르렁 roar ★ 우르르 roll-roll

만세
hurrah
허레이

딸랑 딸랑
jingle-jangle
징글-쟁글

우물우물
mumble
멈블

냠냠
munch crunch
먼취-크런취

까꿍
peek-a-boo
피카부

후두두
pitter patter
피터-패터

짝
smack
스맥

쿵쿵
sniff
스니흐

아주 작은
teeny-weeny
티니-위니

시계 소리
tick-tack
틱-택

야호
yippee
이피:

어이
yoo-hoo
유:-후:

둥둥 (북소리) **rub-a-dub** ★ 쪽 (키스할 때) **smack** ★ 첨벙 **splash!** ★ 뚜우 **toot-toot** ★ (활시위 소리) 핑 **twang** ★ 천둥소리 **varoom** ★ 어휴 (놀람, 당황) **whew** ★ (개 등의 소리) 낑낑 **whine** ★ (화살 소리) 피융 **zing**

먼저 가세요.
After you.
애프터 유

그밖에 또 뭐요?
Anything else?
애니씽 엘스

반반 나누어 내지요.
Go fifty-fifty.
고우 피프티 피프티

알았어.
Got it.
갓잇

맞춰봐!
Guess what!
게스 왓

맹세해.
I swear.
아이 스웨어

그냥 농담이에요.
Just kidding.
저슷ㅌ 키딩

결국 돈이지 뭐.
Money talks.
머니 톡스

아주 좋아요.
Never better.
네버 베터

신경 쓰지 마세요.
Never mind.
네버 마인드

농담 아냐.
No kidding.
노 키딩

껌이죠.
No sweat.
노 스웻ㅌ

예의를 갖추세요! **Behave yourself!** ★ 기운 내! **Cheer up!** ★ 장난 하지 마.
Don't play. ★ 그만 둬. **Drop it.** ★ 즐겨! **Enjoy yourself!** ★ 따라오세요.
Follow me. ★ 곧장 가세요. **Go straight.** ★ 잠깐만! **Hang on!**

Word Expressions ②

절대 안 돼!
No way!
노 웨이

그냥 그래!
Not bad!
낫 배드

다음으로 넘어 가요!
Skip it!
스킵 잇

진정해요!
Stay cool!
스테이 쿨

그야 경우에 따라서죠.
That depends.
댓 디펜즈

그게 다야!
That's all!
댓츠 올

잘 되었네요.
That's good.
댓츠 굿

시간 다 됐어.
Time's up.
타임스 업

날 믿어.
Trust me.
트러스트 미

이것도 좀 먹어봐.
Try some.
트라이 썸

위험해, 주의해요!
Watch out!
워치 아웃

왜 안 되는데?
Why not?
와이 낫

즐겁게 보내! **Have fun!** ★ 배가 불러. **I'm full.** ★ 들어가지 마시오! **Keep out!** ★ 그는 잘 나가! **He rocks!** ★ 장담해. **I bet.** ★ 서두릅시다. **Let's hurry.** ★ 외 상사절! **No credit!** ★ 나도 그래. **Same here.** ★ 물론이지. **You bet.**

Part 01 인간과 생활

뒤 좀 봐줘.
Back me up.
백 미 업

그만 좀 싸워.
Break it up.
브레이킷 업

확인해 봐봐.
Check it out.
첵키 라웃

두려워하지 마세요.
Don't be afraid.
돈 비 어프레이드

충분 하니까 이제
그만 해요.
**Enough is
enough.**
이너프 이스 이너프

완전히 이해가
되세요?
**Get the
picture?**
겟 더 픽쳐

한번 해보세요.
Go for it.
고 포릿

지금 가요.
I am coming.
아임 커밍

그러지 않을 걸.
I doubt it.
아이 다웃트 잇

이번에 내 차례야.
It's my turn.
잇츠 마이 턴

불공평해.
It's not fair.
잇츠 낫 페어

내버려 둬!
Let it be!
렛 잇 비

꾸물거리지 마세요. **Don't take too long.** ★ 염가로 판매! **Everything Must Go!**
공짜로 가져가세요! **Free To Take!** ★ 어떻게 지내세요? **How's it going?**
그럼 가보겠습니다. **I'll leave now.** ★ 그거야 기본이죠. **I'm a natural.**

Word Expressions ③

포기하지 마.
Don't give up.
돈 기브 업

너무 늦은 건 아냐.
Never too late.
네버 투 레잇트

절대 안 돼.
Not a chance.
낫 어 챈스

주우세요!
Pick it up!
피키럽

맞춰봐!
Take a guess!
테이커 게스

가야 할 시간이야.
Time to go.
타임 투 고

끝내 줘.
Two thumbs up.
투 썸즈 업

뻔뻔하군!
What nerve!
왓 너브

요점이 뭐지요?
What's the point?
왓츠 더 포인트

여기가 어디야?
Where are we?
웨어 아 위

말씀만 하세요.
You name it.
유 네임 잇

지당하신 말씀.
You said it.
유 세딧

각자 부담해요. **Let's go Dutch.** ★ 서로 잘 이해하자고요. **Meet me halfway.** ★ 쌤통이군! **Serves you right!** ★ 웃기지 마! **That's a laugh!** ★ 이제 끝이야. **The game's up.** ★ 잘한다! **Way to go!**

회계사
accountant
어카운턴트

배우
actor
액터

여배우
actress
액트리스

보험 계리인
actuary
액튜어리

골동품 거래인
antique dealer
앤티크 딜러

고고학자
archaeologist
아키알러지스트

건축가
architect
아키텍트

예술품 중개인
art dealer
아:트 딜러

예술가
artist
아:티스트

제빵사
baker
베이커

은행원
bank clerk
뱅크 클러크

이발사
barber
바버

직업이 뭐예요?
What do you do?
왓 두 유 두

여자 바텐더
barmaid
바메이드

술집 주인
barman
바맨

바텐더
bartender
바텐더

미용사
beautician
뷰티션

생물학자
biologist
바이알러지스트

경호원
bodyguard
바디가드

식물학자
botanist
보타니스트

술집 문지기
bouncer
바운서

벽돌공
bricklayer
브릭레이어

건설업자
builder
빌더

정육점 주인
butcher
부쳐

간호인
caregiver
케어기버

제빵사예요.
I'm a baker.
아임 어 베이커

목수
carpenter
카펜터

계산원
cashier
캐쉬어

주방장
chef
셰프

화학자
chemist
케미스트

공무원
civil servant
씨빌 써번트

작곡가
composer
컴포져

요리사
cook
쿡

시 의원
counsellor
카운셀러

세관원
customs officer
커스텀즈 오피서

실내장식가
decorator
데코레이터

치위생사
dental hygienist
덴탈 하이지니스트

치과 의사
dentist
덴티스트

직업이 뭐예요?
What's your job?
왓츠 유어 잡

탐정
detective
디텍티브

외교관
diplomat
디플로맷

편집자
editor
에디터

전기공
electrician
일렉트리션

기술자
engineer
엔지니어

부동산 중개인
**real estate
agent**
리얼 이스테이트
에이전트

농부
farmer
파머

패션 디자이너
**fashion
designer**
패션 디자이너

영화감독
film director
필름 디렉터

소방관
firefighter
파이어파이터

어부
fisherman
피셔맨

항공기 승무원
flight attendant
플라잇 어텐던트

소방관이에요.
I'm a firefighter.
아임 어 파이어파이터

화초 재배자
florist
플로리스트

정원사
gardener
가드너

그래픽 디자이너
graphic designer
그래픽 디자이너

미용사
hairdresser
헤어드레서

가정주부
housewife
하우스 와이프

삽화가
illustrator
일러스트레이터

보험 중개인
insurance broker
인슈어런스 브로커

인테리어 디자이너
interior designer
인테리어 디자이너

통역사
interpreter
인터프리터

투자 분석가
investment analyst
인베슷먼트 애널리스트

언론인
journalist
저널리스트

판사
judge
저쥐

현재 직업이 뭐예요?

What's your present occupation?
왓츠 유어 프레전트 아큐페이션

변호사
lawyer
로:여

강사
lecturer
렉춰러

사서
librarian
라이브레리언

기계공
mechanic
미캐닉

기상학자
meteorologist
미티어랄러지스트

모델
model
마들

음악가
musician
뮤지션

보모
nanny
내니

아나운서
newsreader
뉴스리더

간호사
nurse
너스

사무직원
office worker
오피스 워커

안경사
optician
옵티션

일러스트레이터예요.
I'm an illustrator.
아임 언 일러스트레이터

화가
painter
페인터

약사
pharmacist
파머시스트

사진사
photographer
포터그래퍼

물리학자
physicist
피지씨스트

물리 치료사
physiotherapist
피지오쎄러피스트

조종사
pilot
파일럿

미장공
plasterer
플래스터러

극작가
playwright
플레이롸이트

배관공
plumber
플러머

시인
poet
포잇트

경찰관
police officer
폴리스 오피서

정치인
politician
폴리티션

직업이 뭐예요?
What do you do for a living?
왓 두 유 두 포 리빙

집배원
postman
포스트맨

교황
priest
프리:스트

교도관
prison officer
프리즌 오피서

프로그래머
programmer
프로그래머

정신과 의사
psychiatrist
싸이카이어트리스트

접수 안내원
receptionist
리셉셔니스트

수거인
garbage man
가:비지 맨

연구원
researcher
리서쳐

항해사
sailor
세일러

남자 외판원
salesman
세일즈맨

과학자
scientist
싸이언티스트

조각가
sculptor
스컬프터

연구원이에요.
I'm a researcher.
아임 어 리서쳐

비서
secretary
쎄크리터리

경비원
security officer
씨큐리티 오피서

가수
singer
씽어

사회복지사
social worker
소셜 워커

군인
soldier
솔져

변호사
solicitor
솔리시터

남자 운동선수
sportsman
스포츠맨

여자 운동선수
sportswoman
스포츠우먼

주식거래인
stockbroker
스탁브로커

석공
stonemason
스톤메이슨

상점 경비원
store detective
스토어 디텍티브

가게 관리인
store manager
스토어 매니저

직업이 뭐예요?
What's your profession?
왓츠 유어 프로페션

외과 의사
surgeon
써전

조사관
surveyor
써베이어

재단사
tailor
테일러

문신을 새기는 사람
tattooist
타투이스트

선생님
teacher
티쳐

전화 교환원
operator
어퍼레이터

임시 직원
temp
템프

타일 까는 사람
tiler
타일러

관광 안내원
tour guide
투어 가이드

교통 단속원
traffic warden
트래픽 워든

번역가
translator
트랜슬레이터

여행사 직원
travel agent
트래블 에이젼트

사회복지사예요.
I'm a social worker.
아임 어 소셜 워커

51

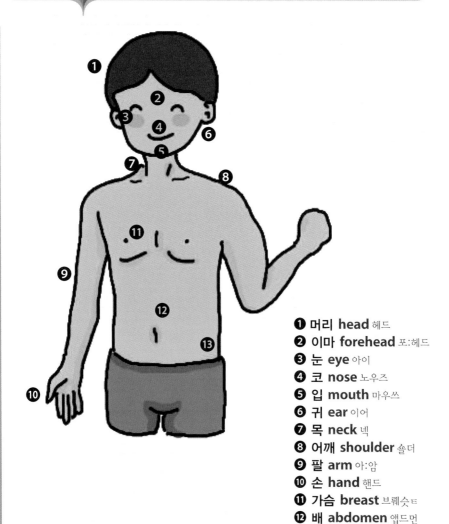

❶ 머리 **head** 헤드
❷ 이마 **forehead** 포:헤드
❸ 눈 **eye** 아이
❹ 코 **nose** 노우즈
❺ 입 **mouth** 마우쓰
❻ 귀 **ear** 이어
❼ 목 **neck** 넥
❽ 어깨 **shoulder** 숄더
❾ 팔 **arm** 아:암
❿ 손 **hand** 핸드
⓫ 가슴 **breast** 브레슷ㅌ
⓬ 배 **abdomen** 앱드먼
⓭ 허리 **waist** 웨이스트

복근 **abs** 앱스 ★ 겨드랑이 **armpit** 암핏 ★ 이두박근 **biceps** 바이쎕스
★ 아래턱 **chin** 친 ★ 쇄골 **collarbone** 칼:러본 ★ 팔꿈치 **elbow** 엘보우
★ 유두 **nipple** 니플 ★ 뱃살 **belly fat** 벨리 팻

The Body ①

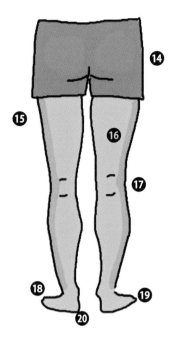

⑭ 엉덩이 hip 힢
⑮ 다리 leg 레그
⑯ 허벅지 thigh 싸이
⑰ 무릎 knee 니:
⑱ 발 foot 풋
⑲ 발가락 toe 토우
⑳ 뒤꿈치 heel 힐:

★ 발등 top of the foot 탑 오브 더 풋
★ 엄지발가락 great toe 그레잇 토우
★ 검지발가락 long toe 롱 토우
★ 중지발가락 middle toe 미들 토우
★ 약지발가락 ring toe 링 토우
★ 새끼발가락 little toe 리를 토우

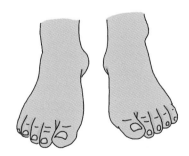

피부주름 wrinkle 링클 ★ 혈관 blood vessels 블러드 베셀즈 ★ 근육
muscle 머슬 ★ 심장 heart 하:트 ★ 폐 lung 렁 ★ 위 stomach 스토머크
★ 신장 kidneys 키드니즈 ★ 간 liver 리버 ★ 창자 intestines 인테스틴즈

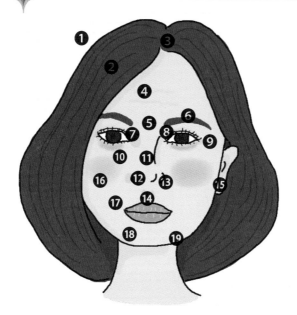

❶ 얼굴 **face** 훼이스　　　　　　　　**❷** 머리카락 **hair** 헤어

❸ 정수리 **top of the head** 탑 오브 더 헤드

❹ 이마주름 **forehead wrinkles** 포어헤드 륑클즈

❺ 미간 **middle of the forehead** 미들 오브 더 포헤드

❻ 눈썹 **eyebrow** 아이브로우　　　**❼** 속눈썹 **eyelashes** 아이래쉬즈

❽ 쌍꺼풀 **double eyelid** 더블 아이리드　　**❾** 눈꼬리 **eye's slant** 아이즈 슬랜트

❿ 다크서클 **dark circles** 다크 써클즈

⓫ 콧등 **bridge of the nose** 브리쥐 오브 더 노우즈

⓬ 콧구멍 **nostril** 나스트럴

⓭ 콧방울 **rounded sides of the nose** 라운디드 사이즈 오브 더 노즈

⓮ 인중 **philtrum** 필트럼　　　　**⓯** 귓볼 **ear lobes** 이어 로브스

⓰ 광대뼈 **cheekbone** 칙본　　　**⓱** 볼 **cheek** 칙

⓲ 턱 **jaw** 죠:　　　　　　　　**⓳** 턱선 **jawline** 죠:라인

그녀는 몸짱이야!
She's in good shape!
쉬즈 인 굿 세입

❶ 손바닥 **palm** 팜:
❷ 엄지손가락 **thumb finger** 썸 핑거
❸ 검지손가락 **index finger** 인덱스 핑거
❹ 중지손가락 **middle finger** 미들 핑거
❺ 약지손가락 **ring finger** 링 핑거
❻ 새끼손가락 **little finger** 리틀 핑거

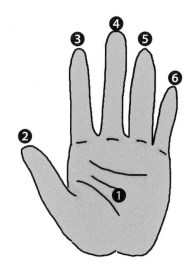

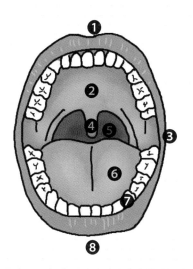

❶ 윗입술 **upper lip** 어퍼 립
❷ 잇몸 **gum** 검
❸ 입술 **lips** 립스
❹ 목젖 **Adam's apple** 애덤즈 애플
❺ 목구멍 **throat** 쓰로웃트
❻ 혀, 혓바닥 **tongue** 텅
❼ 이빨, 이 **tooth** 투스
❽ 아랫입술 **lower lip** 로워 립

그는 뽀족코야.
He has a sharp nose.
히 해저 샤:프 노우즈

Part

02

사회와 생활

날짜
date
데이트

하루
day
데이

새벽
dawn
던:

아침
morning
모닝

정오
noon
눈:

오후
afternoon
애프터 눈:

저녁
evening
이브닝

밤
night
나잇트

   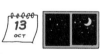

자정
midnight
미드나잇트

오늘
today
투데이

내일
tomorrow
투모로우:

오늘 밤
tonight
투나잇트

오늘이 며칠이야?

What is the date today?
왓 이즈 더 데이트 투데이

어제
yesterday
예스터데이

30분
half
하:프

한 시간
hour
아우어

분
minute
미닛트

Part 02

사회와 생활

초
second
쎄컨드

시간
time
타임

3시
three o'clock
쓰리 어클락

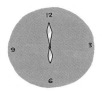

6시
six o'clock
씩스 어클락

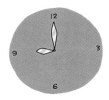

9시
nine o'clock
나인 어클락

10시 15분
ten fifteen
텐 피프틴

11시 30분
eleven thirty
일레븐 쩌티

5시 45분
five forty-five
파이브 포티파이브

오늘은 12월 13일이야.
Today is the 13th of December.
투데이 이즈 더 써틴스 오브 디셈버

Unit 22 요일과 달

요일과 달
day and month
데이 앤 먼쓰

월요일
Monday
먼데이

화요일
Tuesday
튜즈데이

수요일
Wednesday
웬즈데이

목요일
Thursday
써스데이

금요일
Friday
프라이데이

토요일
Saturday
쎄러데이

일요일
Sunday
썬데이

봄
spring
스프링

여름
summer
써머

가을
fall
폴

겨울
winter
윈터

오늘은 무슨 요일이에요?
What day is it today?
왓 데이 이즈잇 투데이

Days of the Week & Months

JANUARY 1

1월
January
재뉴어리

FEBRUARY 2

2월
February
페뷰러리

MARCH 3

3월
March
마취

APRIL 4

4월
April
에이프럴

MAY 5

5월
May
메이

JUNE 6

6월
June
준:

JULY 7

7월
July
줄라이

AUGUST 8

8월
August
오거숫트

SEPTEMBER 9

9월
September
셉템버

OCTOBER 10

10월
October
옥토버

NOVEMBER 11

11월
November
노벰버

DECEMBER 12

12월
December
디쎔버

오늘은 금요일이에요. 한 주의 마지막 날이에요.
Today is Friday. It's the end of the week.
투데이 이즈 프라이데이. 잇츠 디 엔드 오브 더 위크.

돌풍
blast
블래스트

차가운
cold
콜드

흐린
cloudy
클라우디

사이클론
cyclone
싸이클론

이슬
dew
듀:

이슬비
drizzle
드리즐

안개가 낀
foggy
포기

일기예보
forecast
포:캐스트

서리
frost
프로스트

강풍
gale
게일

어둑어둑한
gloomy
글루미

우박
hail
헤일

오늘 날씨는 어때요?
What's the weather like today? 왓츠 더 웨터 라이크 투데이
cf) How's the weather today? 하우즈 더 웨더 투데이

습한
humid
휴미드

허리케인
hurricane
허리케인

차디찬
icy
아이시

온화한
mild
마일드

축축한
moist
모이스트

후덥지근한
muggy
머기

소나기
shower
샤워:

진눈깨비
sleet
슬릿트

온화한
temperate
템퍼레잇트

토네이도
tornado
토네이도

회오리바람
twister
트위스터

태풍
typhoon
타이푼

오늘은 화창하고 따뜻해요.
Today is sunny and warm.
투데이 이즈 써니 앤 웜

무도회
ball
볼:

발레
ballet
발레이

꽃꽂이
flower arrangement
플라워 어레인지먼트

콘서트
concert
콘:써트

드라마
drama
드라마

전시회
exhibition
엑스비션

축제
festival
페스티벌

영화
movie
무비

불꽃놀이
fireworks
파이어웍스

민속 음악
folk music
포크 뮤직

점성술
horoscope
호러스코프

재즈 음악
jazz music
재즈 뮤직

여가 시간에는 뭐해?
What do you do in your free time?
왓 두 유 두 인 유어 프리 타임

마술
magic
매직

오페라
opera
아:프라

오케스트라
orchestra
오케스트라

그림
art
아트

(기분전환을 위한)
오락
pastime
패스타임

연극
play
플레이

시
poem
포임

팝 뮤직
pop music
팝 뮤직

록 음악
rock music
락 뮤직

드라마
soap opera
솝 아:프라

흥청망청
쇼핑하기
shopping spree
쇼핑 스프리:

토크 쇼
talk show
톡크 쑈

콘서트 보러 가.
I go to the concert.
아이 고우 투 더 콘써트

새해
New Year's Day
뉴 이어스 데이

구정
Korean New Year's Day
코리안 뉴 이어스 데이

삼일절
Independence Movement Day
인디펜던스 무브먼트 데이

식목일
Arbor Day
아:버 데이

노동절
Labor Day
레이버 데이

어린이날
Children's Day
칠드런스 데이

어버이날
Parents' Day
페어런츠 데이

스승의 날
Teachers' Day
티쳐스 데이

석가탄신일
Buddha's Birthday
부다스 버쓰데이

현충일
Memorial Day
메모리얼 데이

제헌절
Constitution Day
컨스티튜션 데이

광복절
Independence Day
인디펜던스 데이

국경일이 며칠이나 돼?
How many national holidays do you have?
하우 매니 내셔널 할러데이즈 두 유 해브

National Holidays & Anniversaries

추석
Korean
Thanksgiving Day
코리안 쌩스기빙 데이

국군의 날
Armed Forces
Day
암드 포시즈 데이

개천절
National
Foundation Day
내셔널 파운데이션 데이

한글날
Hangul
Proclamation Day
한글 프로클러메이션 데이

크리스마스
Christmas
크리스마스

킹 목사 탄생일
Martin Luther
King Jr. Day
마틴 루터 킹 주니어 데이

전몰장병 추모일
Memorial Day
메모리얼 데이

독립기념일
Independence
Day
인디펜던스 데이

노동절
Labor Day
레이버 데이

콜럼버스 기념일
Columbus Day
컬럼버스 데이

재향군인의 날
Veterans' Day
베트런스 데이

추수감사절
Thanksgiving
Day
땡스기빙 데이

우린 국경일이 12일이야.
We have 12 days of national holidays.
위 해브 트웰브 데이즈 오브 내셔널 할러데이즈

풍선
balloon
벌룬:

양초
candle
캔들

샴페인
champagne
샴페인

어릿광대
clown
클라운

색종이 조각
confetti
컨페티

요정
elf
엘프

약혼반지
engagement
ring
인게이지먼트 링

폭죽
firecracker
파이어크래커

불꽃놀이
fireworks
파이어웍스

화환
garland
가:런드

핼러윈 축제
Halloween
핼로윈

호랑가시나무
holly
할리

신혼여행은 어디로 가실 거예요?
Where are you going for your honeymoon?
웨어 아 유 고잉 포 유어 허니문

허니문
honeymoon
허니문

초대장
invitation
인비테이션

전등 장식
illumination
일루미네이션

도깨비불
Jack-o'-Lantern
잭 오 랜턴

포인세티아
poinsettia
포인세티아

순록
reindeer
뤠인디어

썰매
sleigh
슬레이

스노우 글로브
snow globe
스노우 글로브

눈송이
snowflake
스노우플레이크

장식 리본
ribbon
리번

면사포
veil
베일

화환
wreath
리:쓰

파리로 가려고 해요.
We're going to Paris.
위아 고잉 투 패리스

양궁
archery
아:쳐리

육상
athletics
애쓸레틱스

배드민턴
badminton
배드민튼

농구
basketball
배스킷볼

비치발리볼
beach volleyball
비취 발리볼

권투
boxing
박싱

카누 슬랄롬
canoe slalom
카누 슬랄럼

카누 스프린트
canoe sprint
카누 스프린트

비엠엑스 자전거 경기
bmx cycling
비엠엑스 싸이클링

자전거 도로 경기
road bicycle racing
로드 바이씨클 레이싱

다이빙
diving
다이빙

마장 마술
dressage
드레사쥐

산악자전거 경기 **mountain biking** 마운틴 바이킹
자전거 경주로 경기 **track cycling** 트랙 싸이클링
근대 5종 **modern pentathlon** 모던 펜타쓸론

장애물 비월
equestrian
jumping
이퀘스트리언 점핑

펜싱
fencing
펜싱

축구
football
풋볼

골프
golf
골프

기계체조
gymnastics
짐내스틱스

리듬체조
rhythmic
gymnastics
리드믹 짐내스틱스

핸드볼
handball
핸드볼

하키
hockey
하키

유도
judo
쥬:도

조정
rowing
로우잉

럭비
rugby
럭비

요트경기
sailing
쎄일링

종합 마술 **equestrian eventing** 이퀘스트리언 이벤팅
3종 경기 **triathlon** 트라이애슬른
노르딕 복합 경기 **nordic combined** 노르딕 콤바인드

사격
shooting
슈팅

수영
swimming
스위밍

수중 발레
synchronized
swimming
씽크로나이즈드 스위밍

탁구
table tennis
테이블 테니스

태권도
taekwondo
태권도

테니스
tennis
테니스

배구
volleyball
발리볼

수구
water polo
워터 폴로

역도
weightlifting
웨잇트리프팅

레슬링 자유형
wrestling
freestyle
뤠슬링 프리스타일

알파인 스키
alpine skiing
알파인 스킹:

바이애슬론(스키와
사격을 겸한 경기)
biathlon
바이애슬론

어떤 스포츠를 좋아하세요?
What kind of sports do you like?
왓 카인드 오브 스포츠 두 유 라이크

봅슬레이
bobsleigh
밥:슬레이

크로스컨트리 스키
cross country skiing
크로스 컨츄리 스킹:

컬링
curling
커얼링

피겨 스케이팅
figure skating
피겨 스케이팅

스키 자유형
freestyle skiing
프리스타일 스킹:

아이스하키
ice hockey
아이스 하키

루지
(1인용 경주용 썰매)
luge
루지

쇼트 트랙 경기
short track speed skating
숏트랙 스피드 스케이팅

스켈레톤 경기
(엎드린 자세로 행하는 속도 경기)
skeleton
스켈리튼

스키 점프
ski jumping
스키 점핑

스노보드
snowboard
스노우보드

스피드 스케이팅
speed skating
스피드 스케이팅

스포츠 중에서 야구를 좋아합니다.
Baseball is my favorite sport.
베이스볼 이즈 마이 페이버릿 스포:트

당구 / (미국) 당구
billiards/pool
빌리어즈/풀

보트 타기
boating
보팅

번지 점프
bungee jumping
번쥐 점핑

카누
canoe
커누:

자동차 경주
car racing
카 뤠이씽

등산
climbing
클라이밍

자전거 타기
cycling
싸이클링

낚시
fishing
피싱

행글라이딩
hang gliding
행글라이딩

도보 여행
hiking
하이킹

경마
horse racing
호스 뤠이싱

열기구
hot air balloon
핫 에어 벌룬:

여가를 어떻게 보내세요?
What do you do to unwind?
왓 두 유 두 투 언와인드

74

Outdoor Activities

사냥
hunting
헌팅

인라인
in-line skating
인라인 스케이팅

제트스키
jet-ski
젯스키

모터사이클
motor cycle
모터 싸이클

산악자전거
mountain biking
마운틴 바이킹

패러글라이딩
paragliding
패러글라이딩

래프팅
rafting
래프팅

스카이다이빙
skydiving
스카이다이빙

서바이벌게임
survival game
써바이벌 게임

웨이크보드
wake-board
웨익보드

수상스키
water skiing
워터 스킹

윈드서핑
wind surfing
윈드 서핑

일주일에 한 번은 낚시하러 갑니다.
I go fishing at least once a week.
아이 고 피슁 앳 리슷트 원스 어 위크

배낭
backpack
백팩

바비큐 그릴
barbecue grill
바비큐 그릴

쌍안경
binoculars
비나큘러스

가열 기구
burner
버너

캠핑 카
camper van
캠퍼 밴

나침반
compass
콤파스

갑판 의자
deck chair
덱 췌어

장갑
gloves
글러브즈

하이킹 신발
hiking boots
하이킹 부츠

칼
knife
나이프

랜턴
lantern
랜턴

매트
mat
맷

캠핑 좋아하세요?
Do you like camping?
두 유 라이크 캠핑

Outdoor Equipment

줄
rope
로프

꼬챙이
skewer
스큐어

침낭
sleeping bag
슬리핑 백

텐트
tent
텐트

보온병
thermos
써:머스

손전등
torch
토취

낚싯줄
fishing line
피싱 라인

낚싯바늘
hook
훅크

미끼
lure
루어

그물
net
넷

낚싯대
rod
로드

낚시도구 상자
tackle box
태클 박스

예, 캠핑가는 걸 좋아해요.
Yes, I love to go camping.
예스, 아이 러브 투 고우 캠핑

빵 굽기
baking
베이킹

인형 모으기
collecting dolls
컬렉팅 돌스

피규어 모으기
collecting figures
컬렉팅 피규어스

요리하기
cooking
쿠킹

춤추기
dancing
댄싱

그림 그리기
drawing
드로잉

종이 접기
doing origami
두잉 오리가미

외출하기
going out
고잉 아웃

조깅하기
jogging
조깅

음악 듣기
listening to music
리스닝 투 뮤직

프라모델 만들기
making a plastic model
메이킹 어 플래스틱 마들

비누 만들기
making soap
메이킹 숍

취미가 뭐니?
Do you have any hobbies?
두 유 해브 애니 하비스

Hobby

명상하기
meditating
메디테이팅

카드 게임하기
playing cards
플레잉 카즈

체스 게임하기
playing chess
플레잉 체스

컴퓨터 게임하기
playing a computer game
플레잉 어 컴퓨터 게임

우쿨렐레 연주하기
playing the ukulele
플레잉 더 유커레일리

열대어 기르기
raising tropical fish
레이징 트로피컬 피쉬

바느질하기
sewing
쏘잉

클레이 사격하기
skeet shooting
스킷 슈팅

쇼핑하기
shopping
쇼핑

사진 찍기
taking a picture
테이킹 어 픽쳐

여행하기
travelling
트래블링

걷기
walking
워킹

사진요, 저는 사진광이에요.
Photography, I'm a real shutterbug.
포토그래피, 아임 어 리얼 셔터벅

Part 02 사회와 생활

만화영화
animation
애니메이션

관객
audience
오디언스

광고판
billboard
빌보드

블록버스터
(흥행 성공작)
blockbuster
블럭버스터

실수(NG)
bloopers
블루퍼스

매표소
box office
박스 오피스

카메오(깜짝 출연)
cameo
카메오

순정 영화
chick flicks
칙 플릭스

희극영화
comedy movie
코미디 무비

감독
director
디렉터

재난 영화
disaster movie
디재스터 무비

환타지 영화
fantasy
환타지

그는 어떤 종류의 영화를 좋아하니?
What kind of film does he like?
왓 카인드 오브 필름 더즈 히 라이크

갱영화
gangster movie
갱스터 무비

공포영화
horror movie
호러 무비

영화관
movie theater
무비 씨에터

암흑가 영화
noir film
느와르 필름

사랑 영화
romance movie
로맨스 무비

영사막
screen
스크린

공상과학영화
sci-fi (=science fiction)
싸이-파이

스포일러
(개봉 전에 내용을 미리 알려주는 것)
spoiler
스포일러

최루성 영화
tear jerker
티어 저커

공포영화
thriller
쓰릴러

영화 예고편
trailer
트레일러

영화를 보다
watch a movie
워취 어 무비

그는 로맨스 영화광이야.
He is a romance movie buff.
히 이즈 어 로맨스 무비 버프

알토
alto
앨토

밴드
band
밴드

바리톤
baritone
배리톤

베이스
bass
베이스

블루스
blues
블루스

브라스밴드
(금관악기로 구성된
악단)
brass band
브라스 밴드

클래식 음악
classic music
클래식 뮤직

작곡가
composer
컴포저

지휘자
conductor
컨덕터

전자 음악
electronic music
일렉트로닉 뮤직

포크 음악
folk music
포크 뮤직

헤비메탈
heavy metal
헤비 메틀

그는 어떤 종류의 음악을 좋아하니?
What kind of music does he like?
왓 카인드 오브 뮤직 더즈 히 라이크

힙합
hip hop
힙 합

재즈
jazz
재즈

음악가
musician
뮤지션

애국가
national anthem
내셔널 앤썸

오페라
opera
아:프라

오케스트라
orchestra
오케스트라

레게
reggae
레게

락
rock
락

소프라노
soprano
소프라노

현악 사중주단
string quartet
스트링 쿼텟

교향곡
symphony
심포니

테너
tenor
테너

그는 헤비메탈을 좋아해. 그는 헤비메탈광이야.
He likes heavy metal. He's a metal head!
히 라이크스 헤비 메틀. 히즈 어 메틀 헤드

아코디언
accordion
어코:디언

키보드
keyboard
키보드

오르간
organ
오:르건

피아노
piano
피애노

더블 베이스
double bass
더블 베이스

첼로
cello
첼로

기타
guitar
기타:

하프
harp
하:프

비올라
viola
비올라

바이올린
violin
바이얼린

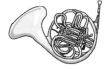

호른
horn
호:온

트롬본
trombone
트럼:본

악기 다룰 줄 아세요?

Do you play any musical instruments?
두 유 플레이 애니 뮤지컬 인스트루먼츠

Musical Instruments

트럼펫
trumpet
트럼펫

튜바
tuba
튜:바

백파이프
bagpipes
백파이프스

클라리넷
clarinet
클라리넷

플룻
flute
플루:트

오보에
oboe
오보우

피콜로
piccolo
피콜로

색소폰
saxophone
색서포운

심벌즈
cymbals
심벌즈

드럼
drums
드럼즈

탬버린
tambourine
탬버륀

실로폰
xylophone
자일러폰

나는 키보드를 연주해요.
I play the keyboard.
아이 플레이 더 키보드

추상 미술
abstract art
앱스트랙트 아:트

응용 미술
applied art
어플라이드 아:트

미술 평론가
art critic
아:트 크리틱

미술 감독
art director
아:트 디렉터

미술 전시회
art exhibition
아:트 엑시비션

미술관
art gallery
아:트 갤러리

미술 공예품
art handcraft
아:트 핸드크랲트

미술 학원
art institute
아:트 인스티튜트

미술 세공품
art object
아:트 오브젝트

미술용품
art supplies
아:트 써플라이즈

미술 선생님
art teacher
아:트 티쳐

미술가
artist
아:티스트

이 버스가 미술관에 가나요?
Does this bus go to the art museum?
더스 디스 버스 고우 투 디 아트 뮤지엄

Art

이젤
easel
이:젤

설치 미술
installation art
인스톨레이션 아:트

현대 미술
modern art
마든 아:트

유화
oil painting
오일 페인팅

붓
paint brush
페인트 브러쉬

물감
paints
페인츠

팔레트
palette
팔렛트

조형 미술
plastic art
플래스틱 아:트

대중 미술
pop art
팝 아:트

조각
sculpture
스컬ㅍ쳐

물통
water bucket
워터 버킷

수채화
watercolor
워터 컬러

Part 02 사회와 생활

팝 아트에 대해 어떻게 생각하세요?
What do you think of pop art?
왓 두유 씽크 오브 팝 아트

87

실선 **solid line** 쏠리드 라인	파선 **dashed line** 대쉬드 라인	점선 **dotted line** 돗티드 라인	곡선의 **curved** 커:브드

대각선의 **diagonal** 다이애그널	수평의 **horizontal** 허리즌틀	평행의 **parallel** 패러럴	직선의 **straight** 스트레이트

수직의 **vertical** 버티컬	물결 모양의 **wavy** 웨이비	지그재그의 **zigzag** 지그재그	원 **circle** 써클

5각형은 각이 몇 개가 있니?

How many angles does a pentagon have?

하우 매니 앵글스 더즈 어 펜타곤 해브

타원형
oval
오:벌

정삼각형
regular triangle
레귤러 트라이앵글

삼각형
triangle
트라이앵글

정사각형
square
스퀘어

직사각형
rectangle
렉탱글

마름모
rhombus
람:버스

평행사변형
parallelogram
패러렐로그램

사다리꼴
trapezoid
트래퍼조이드

오각형
pentagon
펜타곤

육각형
hexagon
헥싸곤

칠각형
heptagon
헵타곤

팔각형
octagon
옥타곤

각이 5개겠지.
It has 5 angles.
잇 해즈 파이브 앵글스

~

~ 물결 기호
tilde
틸더

!

! 느낌표
exclamation mark
익스클러메이션 마크

@

@ 이메일 도메인 기호
at sign
앳 사인

#

해시태그
hashtag
해쉬태그

$

$ 달러 기호
dollar sign
달러사인

%

% 백분율 기호
percent sign
퍼센트사인

^

^ 액센트
circumflex
서큠플렉스

&

& and(앤드) 기호
ampersand
앰퍼샌드

*

* 별표, 백설표
asterisk
아스테리스크

( )

( ) 삽입구
parenthesis
퍼렌써시스

–

– 하이픈 / 대쉬
hyphen / dash
하이픈 / 대쉬

—

_ 밑줄
underline / underbar
언더라인 / 언더바

이 기호를 어떻게 불러요?
What do you call this symbol?
왓 두 유 콜 디스 심볼

Keyboard's Symbols

+ 더하기
plus
플러스

= 같은 것
equal
이퀄

₩ 백슬래쉬(폴더
구분용 특수 기호)
back slash
백 슬래쉬

| 세로선
vertical bar
버티컬바

/

/ 슬래쉬
slash
슬래쉬

[ ]

[ ] 대괄호
bracket
브래킷

{ }

{ } 중괄호
brace
브레이스

:

: 콜론
colon
콜론

;

; 세미콜론
semicolon
세미콜론

' 어포스트로피
apostrophe
어포스트로피

" / '

" / ' 따옴표
quotation mark
쿼테이션 마크

.

. 마침표
period
피리어드

세미콜론이에요.
It's a semicolon
잇츠 어 세미콜론

cf. ? 물음표
question mark
퀘스쳔 마크

cf. < > 꺽쇠괄호
angle bracket
앵글 브래킷

:(
슬프다

:-)
웃다

:*
키스

:-*
헉!

:@
뭐라고?

:-[
기분이 안 좋아

:^D
잘했어, 좋아

:-|
무표정

:~/
그냥 그래

:-\
결정되지 않았어

:-C
안 믿겨져

:-C
정말 우울해

'|-)'이 무엇을 나타내니?

What does '|-)' stand for?

왓 더즈 '|-)' 스탠드 포

:-| :-o   :-P   :Q
무관심   와우   에이~~   뭐라고?

:-Y   []   ^   ^5
한쪽에서 침묵   포옹   최고   하이파이브

|-) |-| |-O   >:-<
헤헤 웃다   졸려   하품   화나다

'|-)'은 '크게 웃다'라는 뜻의 이모티콘이야.
'|-)' is the emoticon for laugh out loud.
'|-)'이즈 디 이모티콘 포 래프 아웃 라우드

페이지가 없음
404 error
포로포 에러

접근
access
액쎄스

첨부
attachment
어태취먼트

댓글
comments
코멘츠

연결하다
connect
커넥트

다운로드
download
다운로드

끌다
drag
드래그

방화벽
firewall
퐈이어월

설치하다
install
인스톨:

인터넷 서비스 제공자
ISP
아이에스피

정보통신 기술
IT
아이티

핫스팟
hotspot
핫스팟

인터넷에 접속할 수 있나요?
Can I access the Internet?
캔 아이 액세스 디 인터넷

눈팅족
lurker
러커

인터넷 중독
mouse potato
마우스 포테이토

피싱 사기
phishing
피싱

소셜 네트워크
서비스
SNS
에스엔에스

Part 02 사회와 생활

섬네일
thumbnail
썸네일

업로드하다
upload
업로드

사용자 이름
username
유저네임

동영상강의
video lecture
비디오 렉쳐

조회 수
views
뷰스

바이러스성의
viral
바이럴

웹 호스팅
web hosting
웹호스팅

무선 인터넷
wireless
internet
와이어리스 인터넷

와이파이 비밀번호를 잊어버렸어요.
I forgot my wifi password.
아이 포갓 마이 와이파이 패스워드

95

오늘
2day
(today)

내일
2moro
(tomorrow)

영원히
4ever
(forever)

~로도 알려진
AKA
(also known as)

가능한 빨리
ASAP
(as soon as possible)

지금
ATM
(at the moment)

~전에
B4
(before)

남자친구
BF
(boyfriend)

이제 안녕!
BFN
(bye for now!)

남자형제
BRO
(brother)

그런데
BTW
(by the way)

보다/알다
C
(see)

일종의 ~ **kinda = a kind of** ★ 나중에 **L8R = later** ★ 크게 웃다 **LOL = laugh out loud** ★ 사랑 **LUV = love** ★ 밤 **nite = night** ★ 문제없어 **NP = no problem** ★ 알겠어! **OIC = Oh, I see** ★ 오, 하나님 **OMG = oh my God** ★ 사진 **PIC = picture** ★ 제발 **PLZ= please**

또 봐!
CU
(see you)

왜냐하면
CUZ
(because)

다운로드
DL
(download)

말해도 돼
F2T
(free to talk)

여자친구
GF
(girl friend)

잘해
GFI
(go for it)

행복을 빌어
GL
(good luck)

훌륭한
GR8
(great)

알겠어.
IC
(I see)

신경 안 써!
IDC
(I don't care!)

난 몰라
IDK
(I don't know.)

정보
info
(information)

더 얘기해줘 **PTMM = please tell me more** ★ 완전 구려 **PU = that stinks** ★ 고마워 **TX = Thanks** ★ 당신 **U = you** ★ 당신의 **UR = your** ★ 무슨 일이야? **Wassap? = What's up?** ★ 훌륭한 **XLNT = excellent** ★ 왜? **Y = why** ★ 당신은... **YA = you are**

Part
03

여행과 교통

항공 화물
air cargo
에어 카고

항공 운임
airfare
에어페어

항공사
airline
에어라인

공항세
airport tax
에어포트 택스

도착 안내 전광판
arrivals board
어라이벌스 보드

수하물표
baggage check
배기쥐 첵

짐 찾는 곳
baggage claim
배기쥐 클레임

탑승
boarding
보딩

~행의
bound for
바운드 포

취소된 비행편
cancelled flight
캔슬드 플라잇트

탑승 수속
check-in
체크인

연결 비행편
**connecting
flight**
커넥팅 플라잇트

비행편을 확인하려고 해요.
I'd like to confirm my flight.
아이드 라잌 투 컨펌 마이 플라이트

통관
customs clearance
커스텀스 클리어런스

세관 직원
customs official
커스텀스 오피셜

(세관에) 신고하다
declare
디클레어

연착된
delayed
딜레이드

출발
departure
디파:쳐

출발 안내 전광판
departures board
디파:쳐스 보드

목적지
destination
데스티네이션

검색대
detector
디텍터

체류 기간
duration
듀레이션

면세점
duty-free shop
듀티 프리 샵

도착 예정 시간
ETA
(= Estimated Time
of Arrival)

출발 예정 시간
ETD
(= Estimated Time
of Departure)

짐을 저울 위에 올려주시겠어요?
Would you please put all your luggage on the scale?
우쥬 플리즈 풋 올 유어 러기쥐 온 더 스케일

Part 03 여행과 교통

비행기 편명
flight number
플라이ㅌ 넘버

탑승구
gate
게이트

출입국 심사대
immigration
이미그레이션

안내소
information desk
인포메이션 데스크

검역
inspection
인스펙션

국제선
international line
인터내셔널 라인

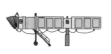

연결 다리
jetway
젯웨이

도중하차
layover
레이오버

분실물 보관소

분실물 취급소
lost and found
로슷ㅌ 앤 파운드

분실물
lost property
로슷ㅌ 프라퍼티

라운지
lounge
라운쥐

수화물 보관
luggage storage
러기쥐 스토리쥐

창가를 원하세요? 아니면 통로 쪽을 원하세요?
Do you want a window or an aisle seat?
두 유 원어 윈도우 오어 언 아일 씻트

방송하다
paging
페이징

승객 명단
passenger list
패신저 리스트

검역
quarantine
쿼:런틴:

항로
route
루:트/라우트

활주로
runway
런웨이

안전 지시
safety
instructions
세이프티 인스트럭션스

도착 출발 전광판
schedule board
스케줄 보드

보안요원
security guard
시큐리티 가드

대기자(명단)
standby
스탠바이

기착, 도중하차
stopover
스탑오버

매표소
ticket counter
티켓 카운터

환승
transfer
트랜스퍼

창가로 주세요.
A window seat, please.
어 윈도우 씻트, 플리즈

항공 교통 관제
air traffic control
에어 트래픽 컨트롤

비행기 계단
air-stairs
에어 스테어스

통로 쪽 좌석
aisle seat
아일 씻

나쁜 날씨
bad weather
배드 웨더

담요
blanket
블랭킷

칸막이 벽
bulkhead
벌크헤드

비즈니스석
business class
비즈니스 클래스

기내
cabin
캐빈

기장
captain
캡틴

기내 휴대수하물
carry-on baggage
캐리온 배기쥐

조종석
cockpit
콕핏

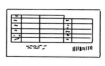

입국 카드
disembarkation card
디스엠바:케이션 카드

탑승권을 좀 보여 주시겠습니까?
May I see your boarding card?
메이 아이 씨 유어 보딩 카드

국내선
domestic line
도메스틱 라인

일반석
economy class
이코노미 클래스

출국 카드
embarkation card
엠바:케이션 카드

응급 상황
emergency
이머전시

Part 03
여행과 교통

엔진
engine
엔쥔

일등석
first class
퍼슷ㅌ 클래스

부조종사 (co-pilot 이라고도 알려짐)
first officer
퍼슷ㅌ 오피서

승무원
flight attendant
플라잇ㅌ 어텐던ㅌ

승객용 짐칸
freight hold
프레이트 홀ㄷ

비행기 동체
fuselage
퓨:설라쥐

기내 영화
in-flight entertainment
인플라잇ㅌ 엔터테인먼트

기내식
in-flight meal
인플라잇ㅌ 미일:

손님 좌석은 바로 저쪽입니다.
Your seat is just over there.
유어 씻 이즈 저스트 오버 데어

비행기여행 시차
에서 오는 피로
jetlag
젯래그

착륙
landing
랜딩

레그룸(다리 뻗는
공간)
legroom
레그룸

구명조끼
life vest
라이프 베스트

짐 넣는 선반
overhead rack
오버 헤드 랙

객실
**passenger
cabin**
패신저 캐빈

베개
pillows
필로우스

기장
pilot
파일럿

창가자리
window seat
윈도우 씻

프로펠러
propeller
프로펠러

가벼운 식사
refreshments
리프레쉬먼츠

항로 변경
route changes
루:ㅌ 체인쥐스

음료수는 어떤 게 있나요?
What kind of soft drink do you have?
왓 카인덥 소프트 드링크 두 유 해브

좌석
seat
씻

좌석벨트
seatbelt
씻트벨트

멀미 봉투
sick bag
씩크 백

실내화
slippers
슬리퍼스

특별식
special meals
스페셜 미일스

일반석
standard seats
스탠더드 씻츠

남자 승무원
steward
스튜어드

여자 승무원
stewardess
스튜어디스

여행용 가방
suitcase
숫ㅌ케이스

난기류
turbulence
터뷸런스

채식주의자
vegetarian
베지테리언

이륙
take off
테이크 오프

Part 03

여행과 교통

담요 한 장 주시겠어요?
May I have a blanket?
메이 아이 해버 블랭킷

비행기
airplane
에어플레인

구급차
ambulance
앰뷸런스

열기구
balloon
벌룬:

자전거
bicycle
바이씨클

보트
boat
보트

버스
bus
버스

객차
carriage
캐리쥐

덮개 차
convertible
컨버터블

소방차
fire engine
파이어 엔쥔

지게차
forklift
포:크리프트

헬리콥터
helicopter
헬리콥터

기관차
locomotive
로코모티브

택시 승차장이 어디 있습니까?
Where is the taxi stand?
웨어 이즈 더 택시 스탠드

오토바이	산악자전거	경찰 차	재활용 트럭
motorcycle	**mountain bike**	**police car**	**recycling truck**
모터싸이클	마운틴 바이크	폴리스 카	리싸이클링 트럭

노 젓는 배	스쿠터	지하철	택시
rowboat	**scooter**	**subway**	**taxi**
로:보트	스쿠터	서브웨이	택시

트랙터	기차	전차	승합차
tractor	**train**	**streetcar**	**van**
트랙터	트레인	스트릿카	밴

Part 03 요행과 교통

이곳으로 좀 데려다 주시겠습니까?
Could you take me to this place?
큐쥬 테이크 미 투 디스 플레이스

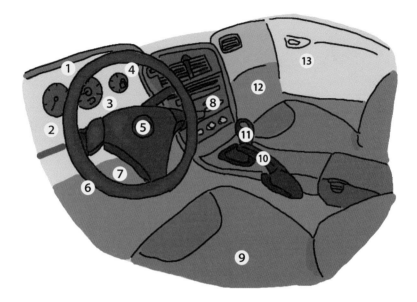

❶ 계기판
dashboard
대쉬보드

❷ RPM 표시기
RPM indicator
알피엠 인디케이터

❸ 속도계
speedometer
스피다미터

❹ 연료 표시기
fuel gauge
퓨얼 게이쥐

❺ 핸들
steering wheel
스티어링 휠

❻ 브레이크 페달
brake pedal
브레이크 페달

❼ 가속장치
accelerator
액셀러레이터

❽ 경고등
hazard lights
해저드 라이츠

❾ 운전석
driver's seat
드라이버스 씨트

❿ 핸드 브레이크
hand break
핸드 브레이크

⓫ 자동 기어
automatic gearshift
오토매틱 기어시프트

⓬ 수납대
storage
스토리쥐

⓭ 잠금장치
lock
락

오일과 냉각수도 봐 드릴까요?
Would you like me to check the oil and water?
유주 라일 미 투 첵 디 오일 앤 워터

❶ 지붕
roof
루프

❷ 앞 유리
windscreen
윈드스크린

❸ 와이퍼
wiper
와이퍼

❹ 배터리
battery
배러리

❺ 보닛
hood
후드

❻ 헤드라이트
headlight
헤드라이트

❼ 방열판
radiator grille
라디에이터 그릴

❽ 번호판
number plate
넘버 플레이트

❾ 안개등
fog light
포그 라이트

❿ 범퍼
bumper
범퍼

⓫ 타이어
tire
타이어

⓬ 차문
car door
카 도어

⓭ 손잡이
strap
스트랩

⓮ 사이드 미러
wing mirror
윙 미러

⓯ 연료 탱크
fuel tank
퓨얼 탱크

⓰ 트렁크
trunk
트렁크

좋습니다. 고마워요.
I'd love that. Thank you.
아이드 러브 댓. 땡큐

버스 운전사
bus driver
버스 드라이버

버스 요금
bus fare
버스 페어

버스 여행
bus journey
버스 저:니

버스 전용차선
bus lane
버스 레인

버스 정류소
bus stop
버스 스탑

전세버스
chartered bus
차터드 버스

대형 관광버스
coach
코치

정차
comfort stop
컴포트 스탑

직행 버스
direct bus
다이렉트 버스

이층 버스
double-decker bus
더블 덱커 버스

고속버스
express bus
익스프레스 버스

시외버스
intercity bus
인터시티 버스

미술관 가는 버스가 어디 있나요?
Where can I get a bus to the art gallery?
웨어 캐나이 겟터 버스 투 디 아트 갤러리

Bus

종착역
last stop
라슷ㅌ 스탑

만원버스
loaded bus
로우디드 버스

수화물 보관 공간
luggage hold
러기쥐 홀드

소형버스
microbus
마이크로 버스

다음 정거장
next stop
넥스트 스탑

야간 버스
night bus
나이트 버스

추월 차선
passing lane
패씽 레인

임시 버스 정류장
request stop
뤼퀘스ㅌ 스탑

정기 왕복 버스
shuttle bus
셔틀 버스

견인차가 달린 대형 버스
trailer bus
트레일러 버스

개조버스
transbus
트랜스 버스

휴게소
way-stop
웨이스탑

몇 정류장 남았어요?
How many stops are there?
하우 매니 스탑스 아 데어

Part 03
여행과 교통

스페인의 고속철도
AVE
에이브이이

승무원차(화물 열차)
caboose
커부스

칸막이 객실
compartment
콤파트먼트

중국의 고속철도
CRH
씨알에이치

유로스타
Eurostar
유로스타

유람 열차
excursion train
익스커젼 트레인

독일의 고속 열차
ICE
아이씨이

소지품 걸이
luggage rack
러기쥐 랙

단궤 열차
monorail
모노레일

승강장
platform
플랫폼

역에 들어오다
pull into
풀 인투

급행 화물열차
express freight train
익스프레스 프레이트
트레인

런던행 좌석 2장을 사려고 해요.
I want to buy two tickets to London.
아이 원ㅌ 투 바이 투 티켓츠 투 런던

Train

침실 기차
sleeper train
슬립퍼 트레인

(열차, 극장의)
입석 승객
standee
스탠디:

특실
stateroom
스테이트룸

미등
taillight
테일라잇트

프랑스 고속 열차
TGV
티쥐뷔

개찰구
ticket barrier
티켓 배리어

검표 승무원
ticket inspector
티켓 인스펙터

선로
track
트랙

기차 기관사
train driver
트레인 드라이버

전차
tram
트램

상행 열차
ascending train
어센딩 트레인

대합실
waiting room
웨이팅 룸

이 열차가 맨체스터행 열차입니까?
Is this the train for Manchester?
이즈 디스 더 트레인 포 맨체스터

항공모함
aircraft carrier
에어크래프트 캐리어

바지 운반선
barge
바지

객실 번호
cabin number
캐빈 넘버

선장
captain
캡틴

화물선
cargo ship
카고 쉽

컨테이너선
shipping
container
쉬핑 컨테이너

승무원
crew
크루:

원유운반선
crude oil tanker
크루드 오일 탱커

유람선
cruise ship
크루즈 쉽

원양어선
deep-sea
fishing vessel
딥 씨 피슁 베쓸

정박하다
disembark
디스임바:크

출항하다
embark
임바:크

나는 이번 휴가 때 크루즈 여행을 할 거야.
I'm going on a cruise this vacation.
아엠 고잉 온어 크루즈 디스 버케이션

조업
fishing operation
피싱 오퍼레이션

어선
fishing vessel
피싱 베쓸

항구
harbor
하버

쇄빙선
icebreaker
아이스브레이커

구명조끼
life jacket
라이프 재킷

구조선
lifeboat
라이프보우트

항구
port
포:트

냉동선
refrigerated carrier
레프리저레이티드 캐리어

항해하다
sail
쎄일

뱃멀미
seasickness
씨씩크니스

잠수함
submarine
써브마린

군함
warship
워:쉽

굴뚝 smokestack ★ 선미 stern ★ 프로펠러 propeller ★ 현측 wall side ★ 닻 anchor ★ 구상선수 bulbous bow ★ 선수 bows ★ 갑판 deck ★ 함교 navigating platform

Part 03 여행과 교통

해외로
abroad
어브로드

운송하다
convey
컨베이

횡단보도
crosswalk
크로스워크

음주운전
drunk driving
드렁크 드라이빙

졸음운전
driving while drowsy
드라이빙 와일 드라우지

벌금
fine
파인

뺑소니
hit-and-run
힛앤런

사거리
intersection
인터섹션

무단횡단
jaywalking
제이워킹

과속
overspeed
오버스피드

승객
passenger
패신쥐

포장도로
pavement
페이브먼트

가장 가까운 교차로는 어디입니까?
What's the nearest intersection?
왓츠 더 니어리숫 인터섹션

보행자
pedestrian
퍼데스트리언

도로
roadway
로드웨이

로터리
roundabout
라운드어바웃

인도
sidewalk
사이드워크

표지판
signpost
싸인포스트

가로등
street lamp
스트릿램프

교통량
traffic
트래픽

신호등
traffic lights
트래픽 라이츠

지하도
underpass
언더패스

탈 것
vehicle
비히클

항해
voyage
보이쥐

난파
wreck
렉

Part 03 여행과 교통

여기에 주차해도 됩니까?
Can I park my car here?
캐나이 파크 마이 카 히어

숙박 시설
accommodation
어커머데이션

수족관
aquarium
아쿠아리움

준비
arrangement
어레인쥐먼트

명소
attraction
어트랙션

잔고
balance
밸런스

이동 트랩
boarding ramp
보:딩 램프

식물원
botanical garden
보태니컬 가든

비즈니스 출장
business trip
비즈니스 트립

취소
cancellation
캔슬레이션

차멀미
carsickness
카씩크니스

벚꽃구경
cherry-blossom viewing
체리블로썸 뷰:잉

시내 관광
city sightseeing
씨티 싸이트씨:잉

관광지도를 주시겠어요?
Can I have a sightseeing map?
캔 아이 해버 싸잇트씨잉 맵

Sightseeing ①

기내 무료 서비스
complimentary service
컴플리먼터리 써비스

선박 여행
cruise
크루즈

행선지
destination
데스티네이션

(짧은) 여행
excursion
익스컬젼

체험관
experience center
익스피리언스 쎈터

현장 학습
field trip
필드 트립

불꽃놀이
firework
파이어워:크

역사유적지
historic place
히스토릭 플레이스

휴가
holiday
할러데이

온천
hot spring
핫 스프링

날짜 변경선
International Date Line
인터내셔널 데이트 라인

여행 일정
itinerary
아이티너러리

할인 티켓이 있나요?
Do you have some discount tickets?
두 유 해브 썸 디스카운 티켓츠

지역 명물
landmark
랜드마:크

현지인
locals
로컬스

기념비
memorial
메모리얼

야경
night view
나잇트 뷰

전망대
observatory
오브저버토리

패키지여행
package tour
패키지 투어

도보로
on foot
온 풋

전망
outlook
아웃룩

야외 테라스
patio
파티오

사람 구경
people-watching
피플 워칭

상설전시관
permanent exhibition
퍼머넌트 엑시비션

야간 비행편
red-eye
레드 아이

투어는 매일 있습니까?
Do you have tours every day?
두 유 해브 투어즈 에브리 데이

122

유물
relics
뤨릭스

물놀이
ripples
리플즈

여정
routing
롸우팅

경치 좋은
scenic
씨:닉

매표소
ticket office
티켓 오피스

독행
traveling alone
트래블링 얼론

기념품
souvenir
수:브니어

동상
statue
스테츄

일광욕
sunbathing
썬베이딩

인기 관광지
hot spot
핫 스팟

트레킹 여행
trekking
트레킹

독특한 경험
unique
experience
유니크 익스피리언스

사진을 찍어 주시겠어요?
Would you take a picture of me?
우쥬 테이커 픽쳐 옵 미

숙박
accommodation
어커머데이션

편의시설
amenity
어메너티

민박 (침대와 아침을 제공해주는)
b & b
비앤비

침구
bedding
베딩

저렴한 호텔
budget hotel
버짓 호텔

캠핑장
campsite
캠프싸이트

객실 담당 여종업원
chambermaid
챔버메이드

체크인하다
check in
첵크인

체크아웃하다
check out
첵카웃

조식 무료
complimentary breakfast
컴플리먼터리
브렉퍼스트

관리인 (유럽)
concierge
컨씨어쥐

일회용품들
disposables
디스포저블즈

방을 바꾸고 싶은데요.
I'd like to change my room.
아이드 라잌투 체인쥐 마이 룸

Hotel ①

2인용 침실
double room
더블룸

기간
duration
듀레이션

연장하다
extend
익스텐드

침실에 딸려 있는 욕실
en-suite bathroom
언 스윗트 배쓰룸

보조 침대
extra bed
엑스트라 베드

패밀리 호텔 (가족호텔)
family hotel
패밀리 호텔

화재경보기
fire alarm
파이어 얼람:

민박집
guesthouse
게슷트하우스

호스텔
hostel
호스틀

청소부
housekeeper
하우스키퍼

분실물 보관소
lost and found
로슷트 앤 파운드

세탁 서비스
laundry service
런:드리 서비스

아침 식사를 방으로 가져다주시겠어요?
Will you bring the breakfast to my room?
윌 유 브링 더 브렉퍼스트 투 마이 룸

Part 03 여행과 교통

125

좀 더 넓은 방
a little bit
larger room
어 리틀 빗 라저 룸

객실 청소
maid service
메이드 써비스

마일리지 포인트
mileage
마일리쥐

소형 냉장고
minibar
미니 바

금연 객실
non-smoking
room
난 스모킹 룸

욕실이 딸린 1인실
one single with
a bath
원 씽글 위드 어 배쓰

예약 초과
overbook
오버북

하룻밤
overnight
오버나잇트

청구서를 지불하다
pay the bill
페이 더 빌

특실
pent house
펜트 하우스

조용한 방
quiet room
콰이엇트 룸

안내원
receptionist
리셉셔니스트

금연 객실로 주세요.
I would like a non-smoking room.
아이 우드 라이크 어 넌-스모킹 룸

126

예약
reservation
레저베이션

이동식 침대
roll-away bed
롤러웨이 베드

엘리베이터
근처에 있는 방
room near the
elevator
룸 니어 디 엘리베이터

룸서비스
room service
룸 써비스

전망 좋은 방
room with a
nice view
룸 위드 어 나이스 뷰:

1인용 객실
single room
씽글 룸

고급 객실
suite room
스윗트 룸

수영장
swimming pool
스위밍 풀

3인실
triple room
트리플 룸

2인실
twin room
트윈 룸

유효한 날짜
valid date
밸리드 데이트

모닝콜
wake-up call
웨이컵 콜

수영장은 어디 있나요?
Where is the swimming pool?
웨얼 이즈 더 스위밍 풀

Part 03 여행과 교통

127

전채요리
appetizer
에피타이저

계산서
bill
빌

술집
bistro
비스트로

요리사
chef
쉐프

요리법
cuisine
퀴진:

오늘의 음식
dish of the day
디쉬 오브 더 데이

식당
restaurant
레스토랑

고급 레스토랑
fancy restaurant
팬시 레스토랑

어린이용 의자
high chair
하이 췌어

남은 음식
leftover
레프트오버

점심 특별메뉴
lunch special
런취 스페셜

주 요리
main dish
메인 디쉬

이 지방의 명물요리는 있습니까?
Do you have any local dishes?
두 유 해버니 로우컬 디쉬즈

Restaurant

예약하다
make a
reservation
메이커 레저베이션

중간 정도로 익힘
medium
미디움

주문
order
오더

잘 익은
over easy
오버 이지

너무 익은
overcooked
오버 쿡드

간단한 요기
quick bite
퀵 바이트

설익은
rare
뤠어

예약석
reserved seat
리저브드 씻트

간이식당
snack bar
스낵 바

팁이 포함됨
service included
써비스 인클루디드

가지고 나가다
take out
테이크 아웃

오늘의 특별 요리
today's special
투데이스 스페셜

빨리 됩니까?
Can I have it right away?
캔 아이 해빗 라이러웨이

카나페
canapé
까나페

크럼블
crumble
크럼블

후식
dessert
디저트

생선튀김과 감자 튀김
fish and chips
피쉬 앤 칩스

볶음밥
fried rice
프라이드 롸이스

그라탕
gratin
그래튼

라자냐
lasagne
러쟈냐

주 요리
main dish
메인 디쉬

섞음 구이
mixed grill
믹스트 그릴

오믈렛
omelet
오믈릿

구운 과자
pastry
페이스트리

푸딩
pudding
푸딩

오늘 특별 메뉴가 뭐죠?
What's today's special menu?
왓츠 투데이즈 스페셜 메뉴

구이 요리
roast
로스트

샐러드
salad
샐러드

재료를 뒤섞은 요리
scramble
스크램블

파이
pie
파이

셔벗
sorbet
솔베이

수프
soup
숲:

스파게티
spaghetti
스파게티

특별 메뉴
special menu
스페셜 메뉴

Part 03

여행과 교통

스테이크
steak
스테이크

찌개요리
stew
스튜:

타르트
tarte
타:트

딤섬
dim sum
딤섬

라자냐가 먹어보고 싶었어요.
I wanted to try the lasagna.
아이 원티드 투 트라이 더 라자냐

신상품
brand-new
브랜드 뉴

계산대
cash register
cashier
캐쉬 레지스터, 캐쉬어

저렴한
cheap
취프

재고정리 (세일)
clearance
클리어런스

하자가 있는
defective
디펙티브

할인
discount
디스카운트

비싼
expensive
익스펜씨브

빠른 계산대
express counter
익스프레스 카운터

보증(서)
warranty
guarantee
워런티, 개런티

할부
installments
인스톨먼츠

무이자의
interest-free
인터레슷트 프리

비닐봉투
plastic bag
플래스틱 백

다른 것을 보여주세요.
Please show me another one.
플리즈 쇼우 미 어나더 원

Shopping ①

구입하다
purchase
퍼쳐스

적정한
reasonable
리즈너블

영수증
receipt
리씨트

환불
refund
뤼펀드

소매점
retailer
뤼테일러

매진
sold out
솔드 아웃

특별가
special offer
스페셜 오퍼

싸게 산 물건
steal
스티일

물건을 아끼는
stingy
스틴쥐

손수레
trolley
트랄:리

포장하다
wrap
뢥

염가판매
yard sale
야드 쎄일

Part 03 요앟과 교통

다른 것으로 바꿔 주시겠어요?
Can I exchange it for another one?
캔 아이 익스체인쥐 잇 휘 어나더 원

골동품 가게
antique shop
앤티:크 샵

제과점
bakery
베이커리

마권 가게
bookmakers
북메이커스

정육점
butcher's
붓쳐스

자동차 전시장
car showroom
카 쑈룸

자선 가게
charity shop
채러티 샵

약국
pharmacy
파:머시

DIY 가게
DIY store
디아이와이 스토어

옷 가게
dress shop
드뤠스 샵

세탁소
dry cleaner's
드라이 클리너즈

생선가게
fishmonger
피쉬망거

꽃집
florist's
플로:리스츠

기념품 가게가 어디 있나요?
Where is the gift shop?
웨어 이즈 더 기프트 샵

원예 용품점
garden centre
가든 쎈터

잡화상
general store
제너럴 스토어

선물 가게
gift shop
기프트 샵

미용실
hairdresser's
헤어드레셔즈

철물점
hardware shop
하드웨어 샵

매점
kiosk
키오스크

빨래방
laundromat
론드러맷

주류 판매하는 곳
liquor store
리쿼 스토어

중고품 가게
**second-hand
shop**
쎄컨 핸드 샵

신발 수선 가게
**shoe repair
shop**
슈 리페어 샵

문방구
**stationery
store**
스테이셔네리 스토어

문신가게
tattoo shop
타투 샵

가장 가까운 중고가게가 어디 있나요?

Where is the nearest second-hand shop?

웨어 이즈 더 니어리스트 쎄컨핸드 샵

사고
accident
액시던트

앰뷸런스
ambulance
앰뷸런스

폭행
attack
어택

출혈
bleeding
블리딩

고장 나다
break down
브레익 다운

심폐소생술
CPR
씨피알

전화하다
dial
다이얼

지진
earthquake
어쓰퀘익

응급전화
emergency call
이머전시 콜

폭발물
explosive
익시플로시브

응급처치
first aid
퍼스트 에이드

펑크 나다
flat
플랫

잃어버린 물건을 어디에서 신고하나요?

Where can I report my lost things?

웨어 캐나이 리포트 마이 로스트 씽쓰

비상등
hazard lights
해저드 라잇츠

두통
headache
헤드에익

차에 치다
hit
힛

다치다
hurt
허:트

분실물 센터
lost and found
로스트 앤 파운드

소매치기
pickpocket
픽포킷

신고하다
report
리포트

강도
robber
라버

삐다
sprain
스프레인

테러
terror
테러

소화불량
upset stomach
업셋 스토먹

구토를 하다
vomit
바밋트

구급차를 불러주세요!
Call an ambulance!
콜 언 앰뷸런스

~주변에	~을 가로질러	~후에	~을 따라
about	**across**	**after**	**along**
어바웃	어크로스	애프터	얼롱

~주위에	~에	~뒤에	방향
around	**at**	**behind**	**direction**
어라운드	앳	비하인드	디렉션

~아래로	거리가 먼	~로부터	~의 앞에
down	**far**	**from**	**in front of**
다운	파:	프럼	인 프런트 오브

시내 중심가로 어떻게 가나요?

How can I get to the down town?

하우 캐나이 겟투 더 다운타운

Direction & Location

계속 가다
keep going
킵 고잉

지도
map
맵

~에 가까운
nearby
니어바이

~ 옆에
next to
넥스트 투

~위에
on
온

~와 맞은편에
opposite
아파짓트

지름길
shortcut
숏컷

곧장
straight
스트뤠잇트

~로
to
투

~쪽으로
toward
투워드

돌다
turn
터언

~이내에
within
위드인

Part 03 여행과 교통

이 근처에 벼룩시장이 있나요?
Is there any flea market around here?
이즈 데어 애니 플리 마켓 어라운드 히어

139

Part
04

의복과 음식

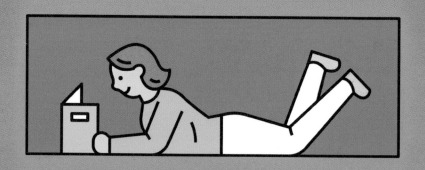

앞치마
apron
에이프런

보호복
armor
아:머

팔 없는 메리야스
상의
athletic shirt
애쓸레틱 셔츠

비치웨어
beach wear
비치 웨어

목욕 가운
bathrobe
배쓰 로브

나팔바지
bell-bottoms
벨 바텀스

팬티
briefs
브리프스

더블 재킷
blazer
블레이저

어깨망토
cape
케이프

카디건
cardigan
카:디건

외투, 망토
cloak
클록

옷, 의복
clothes
클로우즈

저는 패션에 매우 민감해요.
I'm very into fashion.
아임 베리 인투 패션

코트, 외투
coat
코트

복장
costume
커스튬:

면 남방
flannel shirt
플래널 셔트

운동복
gym clothes
짐 클로우즈

후드 티
hoodie
후디

윗옷
jacket
재킷

청바지
jeans
진:스

땀복
jogging suit
조깅 숫트

점퍼
jumper
점퍼

롱 코트
long coat
롱 코트

학생복
school uniform
스쿨 유니폼

군복
military uniform
밀리터리 유니폼

괜찮아 보이나요?
Do I look all right?
두 아이 룩 올라잇

Part 04 의복과 음식

143

겉옷
garment
가:먼트

롱코트
overcoat
오버코트

파자마
pajamas
퍼자마스

바지
pants
팬츠

폴로셔츠
polo shirt
폴로 셔트

판초
poncho
판초

스웨터
pullover
풀오버

비옷
raincoat
뤠인코트

사롱
sarong
서롱:

중고 의류
**second-hand
clothes**
쎄컨드 핸드 클로쓰

셔츠
shirt
셔트

반바지
shorts
숏츠

내 옷 어때요?
What do you think of my outfit?
왓 두 유 씽크 어브 마이 아웃핏

러닝셔츠
singlet
씽글렛

바지
slacks
슬랙스

스웨터
sweater
스웨터

수영복
swimsuit
스윔숫트

런닝
tank top
탱크 탑

끈 팬티
thong
썽:

짧은 코트
three-quarter
coat
쓰리 쿼터 코트

트렌치 코드
trench coat
트렌치코트

터틀넥
turtleneck
터틀넥

속바지
underpants
언더 팬츠

평상복
casual clothes
캐주얼 클로쓰

고무 옷
wetsuit
웻숫트

이 옷이 정말 마음에 안 들어요.
I don't really like these clothes.
아이 돈트 리얼리 라이크 디즈 클로우쓰

Part 04

의복과 음식

정장
attire
어타이어

허리띠
belt
벨트

나비넥타이
bow tie
보우 타이

사각 팬티
boxer shorts
박서 숏츠

남성용 내의
buds
버즈

가죽바지
chaps
챕스

정장용 와이셔츠
dress shirt
드레스 셔트

킬트
kilt
킬트

넥타이
necktie
넥타이

오버코트, 외투
overcoat
오버코트

남성복
man's wear
맨스웨어

체크무늬 남방
plaid shirt
플래드 셔트

남성복 매장이 어디인지 알려 주시겠어요?
Could you tell me where the men's clothing store is?
쿠 쥬 텔 미 웨얼 더 멘즈 클로우딩 스토어 이즈

Men's Wear

바지
pants
팬츠

셔츠
shirt
셔트

양말
socks
싹스

운동복
sportswear
스포츠웨어

정장
suit
슈트

멜빵
suspenders
써스펜더스

바지
trousers
트라우저스

턱시도
tuxedo
턱시도

내의
undershirt
언더셔트

브이넥 스웨터
v-necked
sweater
브이넥트 스웨터

조끼
waistcoat
웨이슷ㅌ코트

조끼
vest
베스트

이 정장이 정말 마음에 들어요.
I really like these suits.
아이 리얼리 라이크 디즈 슛츠

의복과 음식

박스 코트
box coat
박스 코트

케이프 코트
cape coat
케이프 코트

더플 코트
duffle coat
더플 코트

피 코트
pea coat
피 코트

라글란 코트
raglan coat
라글란 코트

트렌치코트
trench coat
트렌치코트

랩 코트
wrap coat
랩 코트

어깨 망토
cape
케이프

나비 모양 매듭
리본
bow
보우

캐미솔
camisole
캐미솔

클래식 룩
classic look
클래식 룩

페전트 룩
peasant look
페전트 룩

내년에 여성 패션 스타일은 무엇인가요?
What's the women's fashion style next year?
왓츠 더 위민즈 패션 스타일 넥스트 이어

띠
sash
새쉬

헐렁한 원피스
smock
스목

튜닉
tunic
튜닉

랩
wrap
랩

애프터눈 드레스
afternoon
dress
애프터눈 드레스

끈 없는 드레스
bustier dress
뷔스티에 드레스

폭이 넓은 드레스
chemise dress
슈미즈 드레스

정식 드레스
evening dress
이브닝 드레스

임신복
maternity dress
매너니티 드레스

셔츠 드레스
shirt dress
셔트 드레스

달라붙는 드레스
slinky dress
슬링키 드레스

웨딩드레스
wedding dress
웨딩 드레스

Part 04 의복과 음식

그녀는 항상 최신 유행을 따라가.
She's always on top of the latest trends.
쉬즈 올웨이스 온 탑 오브 더 레이티스트 트렌즈

149

플레어스커트
flared skirt
플레어드 스커트

개더스커트
gathered skirt
개더드 스커트

플리츠스커트
pleats skirt
플리츠 스커트

미니스커트
mini skirt
미니스커트

서스펜더 스커트
suspender skirt
서스펜더 스커트

튜닉 스커트
tunic skirt
튜닉 스커트

랩어라운드스커트
wraparound
skirt
랩어라운드 스커트

요크 스커트
yoke skirt
요크 스커트

슈미즈
chemise
슈미즈

콤비네이션
combination
콤비네이션

속바지
drawers
드로어즈

팬티
briefs
브리프스

이 치마는 나에게 참 잘 어울려.
This skirt looks great on me.
디스커트 룩스 그레이트 온 미

브래지어
brassiere
브래지어

거들
girdle
거들

올 인 원
all in one
올인원

코르셋
corset
코르셋

여성용 속옷
lingerie
란제리

슬립
slip
슬립

캐미솔
camisole
캐미솔

플레어 팬티
flare panty
플레어 팬티

원피스형
여자 수영복
maillot
마:요

래시가드
rash guard
래쉬가드

허리받이
bustle
버슬

페티코트
petticoat
페티코트

Part 04 의복과 음식

약간 끼어요.
It's a little tight.
잇처 리틀 타잍

백 팩
back pack
백팩

클러치 백
clutch bag
클러치 백

크로스백
cross bag
크로스백

핸드백
handbag
핸드백

호보 백
hobo bag
호보백

쇼퍼 백
shopper bag
샤퍼백

숄더백
shoulder bag
숄더백

토트백
tote bag
토트백

팔찌
bracelet
브레이슬릿

귀마개
earmuffs
이어머프ㅅ

귀걸이
earrings
이어링스

장갑
glove
글러브

좋은 향수를 바르셨군요.
You're wearing a nice perfume.
유아 웨어링 어 나이스 퍼퓸

Bag & Miscellaneous Goods

헤어밴드
hair band
헤어밴드

머리핀
hair pin
헤어핀

목걸이
necklace
넥클레이스

향수
perfume
퍼퓸

반지
ring
링

스카프
scarf
스카프

선글라스
sunglasses
썬글래시즈

우산
umbrella
엄브렐러

지갑
wallet
월릿

손목시계
watch
워치

발찌
anklet
앵클릿

브로치
brooch
브로취

잡화는 자기표현의 부산물이다.
Accessories are a form of self-expression.
액세서리즈 아 어 폼 오브 셀프 익스프레션

야구모자
baseball cap
베이스볼 캡

비니모자
beanie
비:니

베레모
beret
베렛

맥고모자
boater
보터

털실 모자
bobble hat
보블 햇

보닛모자
bonnet
바닛

정장 모자
bowler
보울러

챙이 없는 모자
brimless hat
브림리스 햇

여성용 모자
capeline
케이프라인

정장 모자(여성용)
cloche
클로쉐

카우보이모자
cowboy hat
카우보이 햇

더비 모자
derby
더비

모자 크기가 얼마나 되니?
What's the size of your hat?
왓츠 더 사이즈 오브 유어 햇

**중절모
(챙이 말린)
fedora**
페도라

**안전모
hard hat**
하드 햇

**헬멧(군인, 소방
관 등)
helmet**
헬멧

**파나마모자
panama hat**
파나마 햇

**챙이 넓은 중절모
sombrero**
솜브레로

**밀짚모자
straw hat**
스트로 햇

**햇볕 가리는 모자
sun cap**
썬 캡

**실크해트(남성 정
장용 모자)
top hat**
탑 햇

**귀 가림용 모자
trapper hat**
트래퍼 햇

**중절모
trilby**
트릴비

**터번
turban**
터번

**벙거지 모자
wicked hat**
위키드 햇

그 모자가 너에게 어울려.
That hat looks good on you.
댓 햇 룩스 굿 온 유

신발

부츠
boots
부츠

나막신
clogs
클라그스

카우보이 부츠
cowboy boots
카우보이 부츠

굽이 없는 신발
flats
플랫츠

슬리퍼
flip flops
플립 플롭스

하이힐
high heels
하이힐

등산화
hiking boots
하이킹 부츠

키튼 힐
kitten heels
키튼 힐스

간편화
loafers
로우퍼스

뒤축 없는 신발
moccasins
마커신즈

슬리퍼
mule
뮤:을

옥스퍼드 슈즈
Oxford shoes
옥스포드 슈즈

신발이 맞니?
Do the shoes fit?
두 더 슈즈 핏

Shoes

통굽 구두
platform shoes
플랫홈 슈즈

펌프스
pumps
펌프스

롤러스케이트
roller skates
롤러스케이츠

운동화
running shoes
러닝 슈즈

샌들
sandal
샌들

신발
shoes
슈:즈

슬링백
slingback
슬링백

슬리퍼
slippers
슬리퍼즈

운동화
sneakers
스니커즈

뾰족구두
stiletto
스틸레토

고무 슬리퍼
thongs
써엉즈

어그
uggs
어그스

신발 끈이 풀렸어.
Your shoelaces are untied.
유어 슈레이시즈 아 언타이드

밀폐 용기
airtight container
에어타이트 컨테이너

앞치마
apron
에이프런

빵 굽는 쟁반
baking tray
베이킹 트레이

바구니
basket
배스킷

믹서
blender
블렌더

사발, 용기
bowl
보울

버터접시
butter dish
버터 디쉬

도마
chopping board
챠핑 보드

젓가락
chopsticks
챱스틱스

큰 식칼
cleaver
클리:버

체, 여과기
colander
칼:랜더

그릇
container
컨테이너

유리잔들을 조심해서 씻으세요.
Wash the glasses carefully.
워시 더 글래씨즈 케어풀리

솥, 냄비
cooker
쿠커

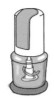

분쇄기, 파쇄기
crusher
크러셔

프라이팬
frying pan
프라잉 팬

유리제품
glassware
글래스웨어

강판
grater
그레이터

석쇠
grill
그릴

병(잼, 꿀 등)
jars
좌스

주전자
kettle
케틀

솥
cauldron
콜드런

주방가위
kitchen shears
키친 쉬어즈

국자
ladle
레이들

전자레인지
microwave
마이크로웨이브

Part 04 의복과 음식

행주로 그릇의 물기를 닦으세요.
Dry the bowls with a dish towel.
드라이 더 보울즈 위드 어 디쉬 타월

계량컵
measuring cup
메줘링 컵

믹서
mixer
믹서

막자사발, 절구
mortar
모:러

냅킨
napkin
냅킨

오븐용 장갑
oven glove
오븐 글러브

페달 휴지통
pedal bin
페들 빈

껍질 벗기는 칼
peeler
필러

압력솥
pressure cooker
프레셔 쿠커

굽는 기계
roaster
로스터

밀방망이
rolling pin
롤링 핀

주걱
spatula
스패츌러

수저
spoon
스푼:

수저는 그냥 물기만 털어서 식기 건조대에 올려놓으세요.
Put the spoons in the plate-rack.
풋 더 스푼즈 인 더 플레이트랙

스테이크 망치
steak hammer
스테잌 해머

찜통
steamer
스티머

거르개
strainer
스트레이너

찻주전자
teapot
티팟

토스터
toaster
토스터

집게
tongs
텅스

이쑤시개
toothpick
투쓰픽

뒤집는 주걱
turner
터너

쟁반
tray
트레이

거품기
whisk
위슥

중국 냄비
wok
웍:

껍질 벗기는 칼
zester
제스터

Part 04

의복과 음식

믹서기를 수리하려면 사용 설명서를 참조해 주세요.
Refer to the instructions to fix the blender.
리퍼 투 디 인스트럭션즈 투 픽스 더 블렌더

**뼈나 가시를 바르
는 칼
boning knife**
보닝 나이프

**빵 칼
bread knife**
브레드 나이프

**큰 식칼
cleaver**
클리버

**장식용 칼
decorating
knife**
데코레이팅 나이프

**살코기용 칼
fillet knife**
필릿 나이프

**생선 칼
fish knife**
피쉬 나이프

**식칼
kitchen knife**
키친 나이프

**과도
paring knife**
페어링 나이프

**빵 칼
pastry knife**
페이스트리 나이프

**껍질 벗기는 칼
peeling knife**
필:링 나이프

**스테이크 칼
steak knife**
스테이크 나이프

**다용도 칼
utility knife**
유틸리티 나이프

칼이 날카로워.
The knife is sharp.
더 나이프 이즈 샤:프

맥주잔
beer mug
비어 머그

샴페인 잔
champagne flute
샴페인 플루트

칵테일 잔
cocktail glass
칵테일 글래스

블랙커피용 잔
demitasse
데미태스

고블릿(유리, 금속 포도주잔)
goblet
가:블릿

데킬라 잔
margarita glass
마르가리타 글래스

머그잔
mug
머그

플라스틱 컵
plastic cup
플래스틱 컵

양주잔
shot glass
샷 글래스

찻잔
teacup
티 컵

보드카잔
vodka glass
버드카 글래스

와인 잔
wine glass
와인 글래스

유리잔을 조심해서 다루세요.
Please handle the glassware with care.
플리즈 핸들 더 글래스웨어 위드 케어

Part 04 의복과 음식

요리방법

굽다
bake
베이크

바비큐하다
barbecue
바비큐

끓이다
boil
보일

썰다
chop
챱

자르다
cut
컷

빼내다(물이나
액체 등을)
drain
드레인

굽다, 튀기다
(기름에)
fry
프라이

갈다(강판에)
grate
그레잇트

굽다
grill
그릴

녹이다
melt
멜트

섞다, 혼합하다
mix
믹스

껍질을 벗기다(과
일, 채소 등의)
peel
필ː

나는 요리하는 방법을 알고 있어.
I know how to cook it.
아이 노우 하우 투 쿠킷

Cooking

붓다[따르다](그릇
을 비스듬히 기울이고)
pour
푸어

굽다(오븐이나 불
위에서)
roast
로스트

섞다
scramble
스크램블

체로 치다,
거르다
sift
싶트

썰다(얇게)
slice
슬라이스

짜다(특히 손가락
[손]으로 꼭)
squeeze
스퀴:즈

찌다(음식을)
steam
스팀:

끓이다(음식을
천천히)
stew
스튜:

젓다
stir
스터

맛보다
taste
테이스트

굽다(빵을 토스터
등에 넣어)
toast
토스트

휘젓다(달걀
등을)
whisk
위스크

요리하는 거 도와줄까?
Can I help you cook?
캔 아이 헬퓨 쿡

Part 04 의복과 음식

165

아티초크
artichoke
아티초크

아스파라거스
asparagus
어스패러거스

아보카도
avocado
아보카도

바질
basil
베이즐

월계수 잎
bay leaves
베이 리브스

콩
bean
비:인

비트
beet
비:트

브로콜리
broccoli
브라클리

배추
cabbage
캐비쥐

당근
carrot
캐롯

**콜리플라워, 꽃양
배추**
cauliflower
컬:리플라워

샐러리
celery
샐러리

채식주의자는 가금류, 고기 혹은 생선을 먹지 않는다.
A vegetarian doesn't eat poultry, meat or fish.
어 베지테리언 더즌트 잇 포울트리 밑 오어 피쉬

고추
chilli
칠리

고춧가루
chilli powder
칠리 파우더

쪽파
chives
촤이브스

고수 잎
cilantro
씰랜트로

정향
clove
클로브

옥수수
corn
콘

애호박
courgette
컬젯

오이
cucumber
큐컴버

대추
dates
데이츠

가지
eggplant
에그플랜트

마늘
garlic
갈:릭

생강
ginger
진저

Part 04

의복과 음식

편식을 하지 마세요.
You should not be picky about food.
유 슈드 낫 비 피키 어바웃 푸드

대파
leek
릭:

레몬그라스
lemongrass
레먼그래스

양상추
lettuce
레터스

박하 잎
mint leaves
민트 리브스

버섯
mushroom
머쉬룸

갓, 겨자
mustard
머스타드

올리브
olive
올리브

양파
onion
어니언

파프리카
paprika
퍼프리카

파슬리
parsley
파:슬리

콩
pea
피:

감자
potato
포테이토

야채를 많이 먹는 것은 건강에 좋다.
Eating a lot of vegetables is very good for health.
이팅 어 랏 오브 베저터블즈 이즈 베리 굿 포 헬쓰

Vegetable ②

페퍼민트
peppermint
페퍼민트

호박
pumpkin
펌프킨

무
radish
래디쉬

로즈메리(허브)
rosemary
로즈마리

작은 양파
shallot
샬럿:

시금치
spinach
스피니쉬

파
green onions
그린 어니언즈

고구마
sweet potato
스윗 포테이토

토마토
tomato
터메이토

심황
turmeric
터메릭

순무
turnip
터닢

애호박
zucchini
주:키니

야채를 심는 것은 큰 즐거움이다.
Planting vegetables is a great pleasure.
플랜팅 베저터블즈 이즈 어 그레잇 플레저

쇠고기
beef
비:프

닭고기
chicken
취킨

오리고기
duck meat
덕 미트

새끼 양고기
lamb
램브

양고기
mutton
머튼

잘게 썬 소고기
mince
민스

돼지고기
pork
포:크

소시지
sausage
쏘시쥐

칠면조
turkey
터키

송아지 고기
veal
비:을

사슴고기
venison
베니슨

말고기
horse meat
호스 미:트

달콤한 고기는 신 양념과 어울린다.
Sweet meat will have sour sauce.
스윗트 미트 윌 해브 싸우어 쏘스

양지머리
brisket
브뤼스킷ㅌ

최상급 스테이크
용 고기
filet mignon
필레이 미뇽

갈비
rib
립

우둔살
rump
럼ㅍ

등심
sirloin
써로인

티 본 스테이크
T-bone steak
티본 스테이ㅋ

항정살
shoulder butt
숄더 벗

삼겹살
belly
벨리

안심
tender loin
텐더 로인

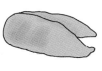

가슴살
breast
브뤠스트

허벅지살
thigh
싸이:

다리살
leg
레그

어떤 사람의 음식이 다른 사람에게는 독이 된다.
One man's meat is another man's poison.
원 맨즈 미트 이즈 어나더 맨즈 포이즌

전복
abalone
애벌로니

멸치
anchovy
앤쵸비

농어
bass
배스

오징어
calamary
캘러메리

잉어
carp
칼프

메기
catfish
캣피쉬

대구
cod
카ㄷ

골뱅이
conch
칸:취

조기
croaker
크로커

갈치
hairtail
헤어테일

청어
herring
헤링

바다가재
lobster
랍스터

회를 좋아하세요?
Do you like raw fish?
두 유 라이크 뤄 피쉬

고등어	홍합	굴	꽁치
mackerel	**mussel**	**oyster**	**saury pike**
맥크럴	머슬	오이스터	써:리 파이크

넙치	명태	연어	꽁치
plaice	**pollack**	**salmon**	**saury**
플레이스	팔락	쌔먼	써:리

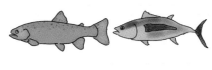

도미	오징어	송어	참치
snapper	**squid**	**trout**	**tuna**
스내퍼	스퀴ㄷ	트라웃ㅌ	튜나

Part 04

의복과 음식

회를 좀 드셔보시겠어요?
Would you like to try some raw fish?
우쥬 라잌투 트라이 썸 뤄 피쉬

버터
butter
버터

버터밀크
butter milk
버터 밀크

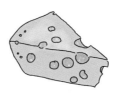

치즈
cheese
치즈

연유
condensed milk
콘덴스드 밀크

코티지 치즈
cottage cheese
카티쥐 치즈

크림
cream
크림

크림 치즈
cream cheese
크림 치즈

크렘 프레쉬
crème fraîche
크렘 프레쉬

유제품
dairy products
데어리 프로덕츠

달걀
egg
에그

풀어놓고 기른 닭의 달걀
free range egg
프리 레인지 에그

생크림
fresh cream
프레쉬 크림

유제품은 알레르기를 유발하기도 한다.
Milk products may provoke allergic reactions.
밀크 프로덕츠 메이 프로보크 앨러직 리액션스

프로마쥬 프레이
fromage frais
프로마쥐 프레

고지방 우유
full-fat milk
풀 팻 밀크

젤라토
gelato
즐라토

염소 우유로 만든
치즈
goat's cheese
고츠 치즈

마가린
margarine
마:저린

마요네즈
mayonnaise
메이어네이즈

우유
milk
밀크

분유
powdered milk
파우더드 밀크

리코타 치즈
ricotta
리카터

저지방 우유
semi-skimmed
milk
쎄미 스킴드 밀크

강화 저지방 우유
skimmed milk
스킴드 밀크

요구르트
yoghurt
요거트

암소는 우리에게 우유를 제공한다.
The cow provides us with milk.
더 카우 프로바이즈 어스 위드 밀크

Part 04

의복과 음식

베이컨
bacon
베이큰

찐 콩
baked beans
베이크드 빈스

옥수수 통조림
canned corn
캐니드 콘:

감자 칩
chips
칩스

쇠고기 소금절이
corned beef
코니드 비프

옥수수 가루
cornmeal
콘:밀

게맛살
crab stick
크랩 스틱

절인 고기
cured meat
큐어드 밋트

강장 캔디
energy bars
에너지 바즈

(스틱 모양의)
생선 튀김
fish fingers
피쉬 핑거스

어묵
fish cake
피쉬 케익

냉동 과일
frozen fruit
프로즌 프룻

삶은 콩 통조림을 따세요.
Open the can of baked beans.
오픈 더 캔 오브 베이크드 빈스

Frown and processed Foods

냉동 피자
frozen pizza
프로즌 핏자

과즙
fruit juice
프룻 쥬스

당면
glass noodle
글래스 누들

햄
ham
햄

아이스크림
ice cream
아이스크림

가공육
lunch meat
런치 밋트

땅콩버터
peanut butter
피넛 버터

파이 속
pie fillings
파이 필링스

방부제
preservative
프리저버티브

폴렌타(이탈리아 요
리 옥수수 가루로 만
든 음식)
polenta
폴렌타

샐러드 드레싱
salad dressing
샐러드 드레싱

토마토 통조림
tinned
tomatoes
틴드 토메이토즈

이 게맛살에는 방부제가 없어요.
This crab stick contains no preservatives.
디스 크랩 스틱 컨테인스 노 프리저버티브즈

**베이글(도넛같이
생긴 딱딱한 빵)
bagel**
베이글

**바게트
baguette**
바겟트

**빵가루
bread crumbs**
브레드 크럼즈

**브레드 스틱
bread sticks**
브레드 스틱스

**갈색 빵
brown bread**
브라운 브레드

**번 빵
bun**
번

**차파티
chapati**
춰파티

**크로와상
croissant**
크로아상

**크럼핏
crumpet**
크럼핏트

**도넛
donut**
도넛

**포카치아
focaccia**
포카샤

**마늘빵
garlic bread**
갈릭 브레드

난은 대부분 인도 음식과 함께 먹는다.
Naan is usually eaten with Indian food.
난 이즈 유즈얼리 이튼 위드 인디언 푸드

햄버거 번
hamburger bun
햄버거 번

식빵
loaf bread
로프 브레드

머핀
muffin
머핀

난
naan
난:

팬케이크
pancake
팬케익

피타 빵
pita
피타

프레첼
pretzel
프레츨

파이
quiche
키쉬

롤빵
rolls
롤스

로티 빵
roti
로티

호밀 빵
rye bread
롸이 브레드

스콘
scone
스콘

빵을 만들기 위해 밀가루를 사용한다.
We use wheat flour to make bread.
위 유즈 윗트 플라워 투 메이크 브레드

안초비 소스
anchovy sauce
앤초비 소스

칠리소스
chili sauce
칠리 소스

식용유
cooking oil
쿠킹 오일

맛술
cooking wine
쿠킹 와인

소스
dip
딥

케첩
ketchup
케첩

올리브유
olive oil
올리브 오일

굴 소스
oyster sauce
오이스터 소스

후추
pepper
페퍼

고추장
red chili paste
레드 칠리 페이스트

소금
salt
쏠트

참기름
sesame oil
쎄서미 오일

양념은 언제 넣을까요?
When do we put in the seasonings?
웬 두 위 풋 인 더 씨즈닝스

Sauce, Seasonings & Containers

간장
soy sauce
쏘이 소스

된장
soybean paste
쏘이빈 페이스트

물엿
starch syrup
스타:취 시럽

설탕
sugar
슈거

타바스코
tabasco sauce
터배스코 소스

식초
vinegar
비니거

감자 봉지
bag of potatoes
백 오브 포테이토즈

우유병
bottle of milk
바틀 오브 밀크

피클 병
jars of pickle
쟈스 오브 피클

치즈 통
packet of cheese
패킷 오브 치즈

구운 콩이 담긴 깡통
tin of baked beans
틴 오브 베이크트 빈스

아이스크림 통
tub of ice cream
텁 오브 아이스크림

나는 갖은 양념을 넣고 잘 버무렸다.
I added the various seasonings and mixed them well.
아이 애디드 더 배리어스 씨즈닝스 앤 믹스트 뎀 웰

Part

05

집과 자연

아파트
apartment
아파트먼트

방갈로
bungalow
벙갈로우

이동식 주택
caravan
캐라반

아파트
condominium
콘도미니엄

시골의 작은 집
cottage
카:티쥐

성
castle
캐슬

두 세대용 건물
duplex
듀플렉스

공동 주택
flat
플랫

단독 주택
detached house
디태취드 하우스

선상가옥
house boat
하우스 보트

오두막
hut
헛트

한옥
Korean-style house
코리언 스타일 하우스

아파트에 사세요, 한옥에 사세요?

Do you live in an apartment or in a Korean-style house?
두 유 리브 인 언 아파트먼트 오어 인 어 코리언 스타일 하우스

The Types of Houses

통나무집
log house
로그 하우스

대저택
mansion
맨션

이동 주택
mobile home
모바일 홈

궁전, 대궐
palace
팰리스

작은 호텔
pension
펜션

고급 옥상 주택
penthouse
펜트하우스

연립주택
row house
로 하우스

원룸
studio
스튜디오

수상가옥
stilt house
스틸트 하우스

인디언 천막
teepee
티:피:

기와집
tile-roofed house
타일 루프트 하우스

2층집
two-storied house
투 스토리드 하우스

조그마한 한옥에 살아요.
I live in a small Korean-style house.
아이 리브 인 어 스몰 코리언 스타일 하우스

집의 부속물

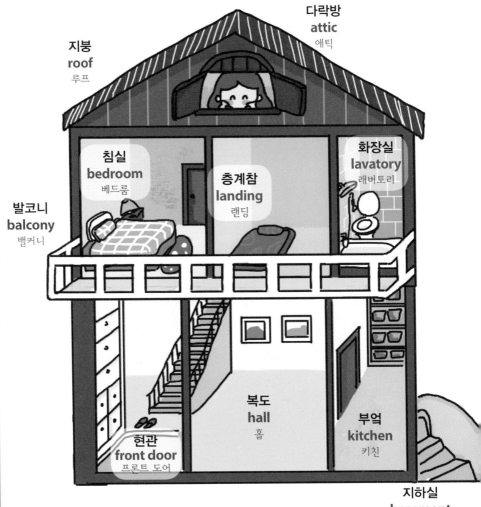

다락방
attic
애틱

지붕
roof
루프

침실
bedroom
베드룸

층계참
landing
랜딩

화장실
lavatory
래버토리

발코니
balcony
밸커니

현관
front door
프론트 도어

복도
hall
홀

부엌
kitchen
키친

지하실
basement
베이스먼트

집에는 어떤 방이 있나요?
What rooms do you have in your house?
왓 룸즈 두유 해브 인 유어 하우스

The Parts of a House

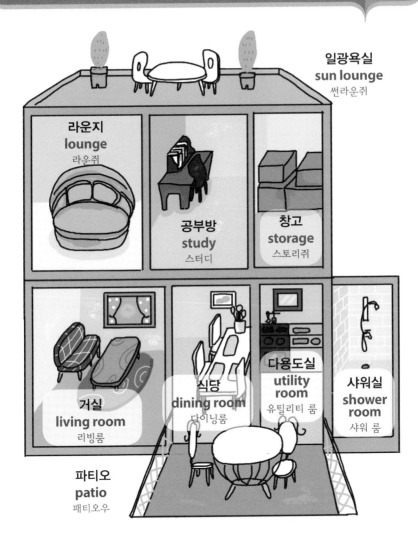

일광욕실
sun lounge
썬라운쥐

라운지
lounge
라운쥐

공부방
study
스터디

창고
storage
스토리쥐

거실
living room
리빙룸

식당
dining room
다이닝룸

다용도실
utility room
유틸리티 룸

샤워실
shower room
샤워 룸

파티오
patio
패티오우

침실 3개, 거실, 다용도실이 있어요.
I have 3 bed rooms, a living room and a utility room.
아이 해브 쓰리 베드룸스, 어 리빙 룸 앤 어 유틸리티 룸

장식장
armoire
암와:

책장
bookcase
북케이스

캐비닛
cabinet
캐비닛

양복장
chiffonier
쉬퍼니어

서랍장
chest of drawers
체슷 오브 드로워즈

벽장
closet
클라짓

옷걸이
coat stand
코트 스탠드

찬장
cupboard
컵보드

진열장
display cabinet
디스플레이 캐비닛

서랍장
dresser
드레서

화장대
dressing table
드레싱 테이블

술 진열장
drinks cabinet
드링크스 캐비닛

이 책상은 무엇으로 만들었나요?
What is this desk made of?
왓 이즈 디스 데스크 메이드 오브

문서 진열장
filing cabinet
파일링 캐비닛

수납상자
linen chest
리넨 체스트

술 진열장
liquor cabinet
리커 캐비닛

오토만
ottoman
오러맨

음식 운반 수레
serving cart
서빙 카트

선반
shelf
쉘프

신발장
shoe rack
슈 랙

진열장
showcase
쇼케이스

식기 수납장
sideboard
사이드보드

탁자
table
테이블

소파 겸용 침대
sofa bed
소파 베드

옷장
wardrobe
워드로브

Part 05

집과 자연

떡갈나무로 만들었어요.
It's made of an oak wood.
이츠 메이드 오브 언 오크 우드

술집 테이블
bar table
바 테이블

커피 테이블
coffee table
커피 테이블

컴퓨터용 책상
computer desk
컴퓨터 데스크

식탁
dining table
다이닝 테이블

회의용 테이블
conference table
컨퍼런스 테이블

화장대
dressing table
드레싱 테이블

작은 탁자
end table
엔드 테이블

신축 테이블
extension table
익스텐션 테이블

겹침 탁자
nest of tables
네스트 오브 테이블스

피크닉용 테이블
picnic table
피크닉 테이블

테라스용 테이블
patio table
파티오 테이블

작업대
work table
워크 테이블

이런 멋진 탁자를 어디에서 구했니?
Where did you get such a nice table?
웨얼 디쥬 겟 서취 어 나이스 테이블

안락의자
armchair
암:췌어

긴 의자
settee
세티

벤치
bench
벤취

긴 의자
chaise lounge
췌이즈 라운쥐

접이식 의자
folding chair
폴딩 췌어

등받이 의자
ladderback
래더백

발받침 의자
footstool
풋스툴

흔들의자
rocking chair
락킹 췌어

침대 겸용 소파
sofa-bed
소파 베드

사다리 겸용 의자
step chair
스텝 췌어

스툴
stool
스툴:

안락의자
wing chair
윙 췌어

Part 05 집과 자연

주문해서 특별히 맞춘 거야.
I had it specially made to order.
아이 해딧 스페셜리 메이드 투 오더

에어컨
air conditioner
에어컨디셔너

보조 테이블
beside table
비사이드 테이블

담요
blanket
블랭킷

블라인드
blinds
블라인즈

책꽂이
bookshelf
북쉘프

빗자루
broom
브루:움

카펫
carpet
카:핏

시계
clock
클락

아기 침대
crib
크립

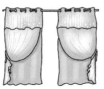

커튼
curtains
커:튼즈

쿠션
cushion
쿠션

책상
desk
데스크

방이 왜 이렇게 지저분하니?
Why is your room so messy?
와이 이즈 유어 룸 쏘 메시

이불
duvet
두벳

모자 걸이
hat stand
햇 스탠드

다리미
iron
아이언

다림질 판
ironing board
아이어닝 보드

등
lamp
램프

전구
light bulb
라이트 벌브

전등 스위치
light switch
라이트 스위치

매트리스
mattress
매트리스

침실용 탁자
nightstand
나잇스탠드

베개
pillow
필로우

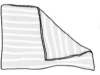

베갯잇
pillowcase
필로우케이스

침대 시트
sheet
시:트

청소기를 돌려야 해.
I have to vacuum.
아이 해브 투 배큠

에어컨
air conditioner
에어컨디셔너

공기 청정기
air purifier
에어 퓨리파이어

쓰레기통
bin
빈

표백제
bleach
블리:취

양동이
bucket
버킷

제습기
dehumidifier
디휴미디파이어

세제
detergent
디터전트

식기 세척기
dishwasher
디쉬워셔

먼지 터는 솔
duster
더스터

전기난로
electric fire
일렉트릭 파이어

팬히터
fan heater
팬 히터

소화기
fire extinguisher
파이어 엑스팅귀셔

요즘에는 공기 청정기가 필수품이에요.
Air purifier is a must-have item these days.
에어 퓨리파이어 이저 머스트-해브 아이템 디즈 데이즈

가스난로
gas fire
개스 파이어

가습기
humidifier
휴미디파이어

전자레인지
microwave oven
마이크로웨이브 오븐

자루걸레
mop
몹

오븐
oven
오븐

난방기
radiator
뤠이디에이터

냉장고
refrigerator
리프리저레이터

재봉틀
sewing machine
쏘잉 머쉰

손전등
torch
토취

진공청소기
vacuum cleaner
배큠 클리너

정수기
water purifier
워터 퓨리파이어

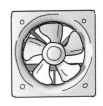

환풍기
window fan
윈도우 팬

식기 세척기를 얼마나 자주 사용하니?
How often do you use your dishwasher?
하우 오픈 두 유 유즈 유어 디쉬워셔

볼트 / 너트
bolt / nut
볼트 / 너트

나사(못) / 못
screw (spike) /
nail
스크루 (스파이크) /
네일

망치
hammer
해머

나무망치
mallet
맬릿

드라이버
screwdriver
스크루 드라이버

톱
handsaw
핸드쏘

펜치
pliers
플라이어즈

니퍼
nipper
니퍼

전동드릴
electric drill
일렉트릭 드릴

스패너
spanner
스패너

렌치
wrench
렌치

수평기
sprit level
스프리트 레벨

톱: 실톱 **coping saw** ★ 쇠톱 **hacksaw**
드라이버: 십자 드라이버 **phillips screwdriver** ★ 일자 드라이버 **flat-head**
screwdriver ★ 자성을 띤 드라이버 **magnetic screwdriver**

글루 건
glue gun
글루건

목공용 송곳
gimlet
김릿

공구함
toolbox
툴박스

전단기(원예용)
shear
쉬어

가위(금속 절단용)
snips
스닙스

삽
shovel
셔블

삽
spade
스페이드

모종삽
trowel
트로월

곡괭이
pickax
픽액스

갈퀴
rake
레이크

손도끼
hatchet
해취트

발판 사다리
stepladder
스텝 래더

Part 05 집과 자연

펜치: 바늘코 펜치 **needle nose pliers** ★ 대각형 벤치 **diagonal pliers**
스패너: 몽키 스패너 **monkey spanner** ★ 조정식 스패너 **adjustable spanner**
렌치: 조정식 렌치 **adjustable wrench** ★ 파이프 렌치 **pipe wrench**

욕실용 매트
bath mat
배쓰 매트

욕조 장난감
bath toys
베스 토이즈

욕조
bathtub
배쓰텁

클렌저
cleanser
클렌저

빗
comb
코움

수도꼭지
faucet
포:씻

냄새 제거제
deodorant
디오더런트

전기면도기
electric razor
일렉트릭 레이저

머리빗
hair brush
헤어브러쉬

핸드 로션
hand lotion
핸드 로션

거울
mirror
미러

구강 청결제
mouthwash
마우쓰워쉬

샤워기 수압이 너무 약해요.
The shower's water pressure is low.
더 샤워즈 워터 프레셔 이즈 로우

향수
perfume
퍼퓸

배관청소기구
plunger
플런저

선반 걸이
rack
랙

면도기
razor
뤠이저

체중계
scale
스케일

면도용 크림
shaving cream
쉐이빙 크림

샤워기
shower
샤워

자외선 차단제
sunscreen
썬스크린

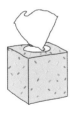

티슈
tissues
티슈즈

휴지
toilet paper
토일릿 페이퍼

칫솔
toothbrush
투쓰브러쉬

치약
toothpaste
투쓰페이스트

Part 05 집과 자연

변기를 사용한 후에는 반드시 물을 내리세요.
Be sure to flush the toilet after each use.
비 슈어 투 플러쉬 더 토일릿 애프터 이취 유즈

대기
atmosphere
앳모스피어

만
bay
베이

터지다
burst
벌스트

재난
catastrophe
캐터스트로피

낭떠러지
cliff
클리프

사막
desert
데저트

재앙
disaster
디재스터

휴화산
dormant
volcano
돌·먼트 볼케이노

가뭄
drought
드라우트

지진
earthquake
얼쓰퀘익

(화산의) 분출
eruption
이럽션

탈출하다
evacuate
이배큐에이트

포항에서 진도 5.4의 지진이 일어났다.
There was a 5.4 magnitude earthquake in Pohang.
데어 위즈 어 파이브 포인트 포 매그니튜드 얼쓰퀘이크 인 포항

Nature

홍수
flood
플러드

숲, 삼림
forest
포:리스트

중력
gravity
그래버티

(보통 bay보다 큰) 만
gulf
걸프

반구
hemisphere
헤미스피어

위도
latitude
래터튜드

경도
longitude
란쥐튜드

극지방의
polar
폴러

강우, 강설(량)
precipitation
프리씨피테이션

열대우림
rainforest
뤠인포:리스트

눈사태
avalanche
어벌랜치

해일
tidal storm
타이들 스톰

아마존은 세계에서 가장 큰 열대우림이에요.
The Amazon region is the largest rainforest in the world.
디 아마존 리젼 이즈 더 라지스트 레인포리스트 인 더 월드

Part 05 집과 자연

공기오염
air pollution
에어 폴루:션

대체 에너지
alternative
energy
얼터너티브 에너지

기후 변화
climate change
클라이밋 체인쥐

(배기가스) 배출
(배기가스)
emission
이미션

멸종위기에 처한
endangered
인데인저드

에너지 위기
energy crisis
에너지 크라이시스

환경오염
environmental
pollution
인바이런멘틀 폴루:션

(자동차의) 배기
가스
exhaust
이그조스트

방사능 낙진
fallout
폴:아웃

화석연료
fossil fuel
파슬 퓨얼

매연
fume
퓨:움

지구 온난화
global warming
글로벌 워밍

대기 오염이 심각해.
The air pollution is very bad.
디 에어폴루션 이즈 베리 배드

온실효과
greenhouse effect
그린하우스 이펙트

핵분열
nuclear fission
뉴클리어 피션

공해
pollution
폴루:션

보존하다
preserve
프리저브

보호하다
protect
프로텍트

재활용하다
recycle
리싸이클

쓰레기
rubbish
러비쉬

부족, 결핍
shortage
숏티쥐

토양오염
soil pollution
쏘일 폴루션

교통 체증
traffic jam
트래픽 잼

수질오염
water contamination
워터 컨테미네이션

풍력
wind power
윈드 파워

중국에서 온 미세 먼지가 하늘을 뒤덮고 있다.
A fine dust from China covers the sky.
어 파인 더스트 프롬 차이나 커버즈 더 스카이

Part 05 집과 지역

양서류
amphibian
앰피비언

조류
birds
버:르즈

육식동물
carnivore
카니버:

군락
community
커뮤니티

교배
crossbreeding
크로스브리딩

갑각류
crustacean
크러스태씨언

생태계
ecosystem
에코시스템

열매
fruit
프룻트

초원
grassland(s)
그래스랜드

초식동물
herbivore
허비버:

곤충
insect
인쎅트

잎
leaf
리:프

진화론에 대해 들어본 적 있니?
Have you ever heard of the theory of evolution?
해뷰 에버 허드 오브 더 씨어리 오브 에볼루션

포유류
mammal
매멀

교미
mating
메이팅

사망률
mortality
모탈러티

잡식동물
omnivore
옴니버:

광합성
photosynthesis
포토씬써시스

식물
plants
플랜츠

영장류
primates
프라이메이티즈

파충류
reptile
렙타일:

설치류
rodents
로우든츠

씨앗
seed
씨드

진화론
theory of
evolution
씨어리 오브 에볼루션

야생동물
wildlife
와일드라이프

Part 05 집과 자연

곤충들은 생태계의 중요한 부분을 차지한다.
The insect plays an important part of the ecosystem.
디 인섹트 플레이즈 언 임포턴트 파트 오브 디 에코시스템

입체 프린터
3D printer
쓰리디 프린터

4차 산업혁명
fourth industrial revolution
포쓰 인더스트리얼 레볼루션

첨단 과학기술
advanced technology
어드밴스드 테크놀러지

인공지능
AI
에이아이

무인자동차
autonomous driving car
오토나머스 드라이빙 카

블루투스
bluetooth
블루투쓰

빅데이터
big data
빅 데이터

드론
drone
드론

지문인식
finger scan
핑거 스캔

어군 탐지기
fish finder
피쉬 파인더

연료전지
fuel cell
퓨얼 쎌

인간 복제
human cloning
휴먼 클로닝

혁신은 리더와 추종자를 구분 짓습니다.
Innovation distinguishes a leader from a follower.
이노베이션 디스팅귀시즈 어 리더 프롬 어 팔로워

Scientific Technology

사물인터넷
internet of things
인터넷 오브 씽즈

홍채인식
iris scan
아이리스 스캔

액정 디스플레이
LCD
엘씨디

나노 로봇
nano robot
나노 로봇

신소재
new material
뉴 머티리얼

광섬유
optical fiber
옵티컬 파이버

무인 비행기
pilotless aircraft
파일롯리스 에어크래프트

최첨단의
state-of-the-art
스테이트 오브 디 아:트

줄기세포
stem cell
스템 쎌

수술용 로봇
surgical robots
써지컬 로봇츠

가상현실
virtual reality
버츄얼 리얼리티

개인 유전자 분석
personal genetic analysis
퍼스널 제네틱 어낼러시스

Part 05 결과 자연

가상현실은 애니메이션처럼 보인다.
Virtual reality looks animated.
버츄얼 리얼리티 룩스 애니메이티드

아픔, 통증
ache
에익

알레르기
allergy
앨러지

관절염
arthritis
아:쓰라이티스

아토피
atopy
애터피

자폐증
autism
오:티즘

물집
blister
블리스터

혈압
blood pressure
블러드 프레셔

멍
bruise
브루:즈

화상
burn
버언:

암
cancer
캔써

충치
cavity
캐버티

한기
chills
칠스

독감에 걸렸어요.
I have a bad cold.
아이 해버 배드 콜드

콜레라
cholera
칼:레러

감기
cold
콜드

변비
constipation
칸스티페이션

기침
cough
커:프

치매
dementia
디멘시아

당뇨병
diabetes
다이아비티스

설사
diarrhea
다이어리어

어지럼증
dizziness
디지니스

질병
disease
디지:즈

장염
enteritis
엔터라이터스

습진
eczema
에그제마

열
fever
휘버

Part 05
질병과 자연

온 몸이 쑤셔요.
I'm aching all over.
아임 에이킹 올 오버

독감
flu
플루:

식중독
food poisoning
푸드 포이즈닝

심장 마비
heart attack
하:트 어택

두통
headache
헤데익

열사병
heatstroke
히:트스트로크

간염
hepatitis
헤퍼타이티스

가려움
itch
이:취

불면증
insomnia
인삼:니아

말라리아
malaria
멀레리아

메스꺼움
nausea
너:지어

코피
nosebleed
노우즈블리드

비만
obesity
오비:시티

가끔 현기증이 나요.
I get dizzy sometimes.
아이 겟 디지 썸타임스

골다공증
osteoporosis
아ː스티오퍼로시스

공포증
phobia
포비아

중독
poisoning
포이즈닝

류머티즘
rheumatism
류머티즘

골절
sprain
스프레인

어깨 결림
stiff neck
스티프 넥

위통
stomachache
스토먹케이크

뇌졸중
stroke
스트로크

수술(외과)
surgery
써저리

궤양
ulcer
얼써

바이러스
virus
바이러스

상처
wound
운ː드

Part 05 질병과 치약

식중독에 걸렸어요.
I have food poisoning.
아이 해브 푸드 포이즈닝

접착성 밴드
adhesive bandage
어드히시브 밴디쥐

제산제
antacid
앤터시드

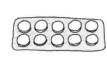

알레르기약
antiallergic drug
안티앨러직 드럭

지사제
antidiarrhea
안티다이어리어

소독제
antiseptic
앤티셉틱

아스피린
aspirin
애스피린

붕대
bandage
밴디쥐

이담제
cholagogue
칼라가그

탈지면
cotton
코튼

기침 감기약
cough syrup
코:흐 시럽

소독약
disinfectant
디스인펙턴트

드레싱, 붕대감기
dressing
드뤠싱

구급상자는 우리 생활에 필수품이다.
The first-aid kit is a necessity in our lives.
더 퍼스트-에이드 킷 이즈 어 네쎄서티 인 아우어 라이브스

Medicine ①

관장제
enema
에너머

(가래를 삭여 주는) 거담제
expectorant
익스펙터런트

안약
eye drops
아이 드랍스

해열제
fever reducer
피버 리듀서

구급상자
first aid kit
퍼숫트 에이드 킷

거즈
gauze
거즈

발모제
hair restorer
헤어 리스토어러

소화제
indigestion tablets
인다이제스천 태블릿츠

변비제
laxatives
랙서티브즈

립밤
lip balm
립밤

로션
lotion
로션

약물
medication
메디케이션

아스피린은 아주 효과적인 의약품이다.
Aspirin is a really effective remedy.
애스피린 이즈 어 리얼리 이펙티브 레머디

의학 & 의약품 ②

니코틴 패치
nicotine patch
니커틴: 패취

연고
ointment
오인트먼트

파스
pain relief patch
페인 릴리프 패취

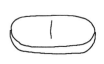

진통제
painkillers
페인킬러스

해열제
paracetamol
패러씨터몰

알약
pill
필:

깁스, 반창고
plaster
플래스터

가루약
powder
파우더

처방전
prescription
프리스크립션

맥박
pulse
펄스

소생술
resuscitation
리써씨테이션

링거액
ringer's solution
링어스 솔루션

이 약을 하루 세 번 복용하는 것을 잊지 마세요.
Don't forget to take this medicine 3 times a day.
돈 포겟 투 테이크 디스 메디슨 쓰리 타임즈 어 데이

진정제
sedative
쎄더티브

수면제
sleeping tablet
슬리핑 태블릿

청진기
stethoscope
스테써스콥프

살균
sterile
스테를

자외선 방지 크림
sun block
썬 블락

주사기
syringe
씨린쥐

알약
tablet
태블릿

체온계
thermometer
써마:미터

멀미약
travel sickness
tablet
트레블 씨크니스 태
블릿

족집게
tweezers
트위저스

구충제
vermifuge
버미퓨쥐

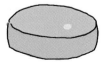

비타민 약
vitamin pills
바이터민 필:스

Part 05 집과 치약

팔에 깁스를 했어
My arm is in a plaster cast.
마이 암 이즈 인 어 플래스터 캐스트

석류석
(사랑, 진실)
garnet
가넷

자수정
(평화, 성실)
amethyst
애머티스트

남옥
(침착, 총명)
aquamarine
아쿠아마린

금강석
(영원한 사랑)
diamond
다이아몬드

취옥
(행복, 행운)
emerald
에메랄드

진주
(건강, 권위)
pearl
펄:

홍옥
(열정, 생명)
ruby
루비

감람석
(지혜, 행복)
peridot
페리도트

청옥(자애, 성실)
sapphire
사파이어

단백석(희망, 순결)
opal
오팔

황옥(우정, 인내)
topaz
토파즈

터키석(행운, 성공)
turquoise
터콰이즈

탄생석은 뭐니?
What is your birthstone?
왓츠 유어 버쓰스톤

Birthstone & Birth Flower

수선화
(자존심)
daffodil
대포딜

물망초
(나를 잊지 말아요)
myosotis
마이어소티스

데이지
(희망, 평화)
daisy
데이지

금잔화
(겸손, 인내)
marigold
메리골드

민들레
(신뢰, 절개)
dandelion
댄더라이언

장미
(사랑, 순결)
rose
로즈

라벤더
(침묵)
lavender
라벤더

토끼풀
(약속, 행운)
clover
클로버

에리카(고독)
heath
히쓰

국화(진실, 짝사랑)
mum
멈

초롱꽃(감사, 은혜)
bellflower
벨플라워

세이지(구원)
sage
세이지

오팔이야.
My birthstone is opal.
마이 버쓰스톤 이즈 오팔

제우스
Zeus
그리스 신화의 주신

헤라
Hera
결혼과 가정의 여신

포세이돈
Poseidon
바다, 돌풍의 신

데메테르
Demeter
곡물과 수확의 여신

아테나
Athena
지혜, 전쟁, 문명의
여신

아폴론
Apollo
태양, 의술, 예언의 신

아르테미스
Artemis
달과 순결의 여신

아레스
Ares
전쟁, 투쟁의 신

아프로디테
Aphrodite
사랑과 미의 여신

헤르메스
Hermes
전령, 상업, 연설의 신

헤스티아
Hestia
화로와 불씨의 여신

하데스
Hades
명부의 신

유피테르 **Jupiter** ★ 유노 **Juno** ★ 넵투누스 **Neptunus** ★ 케레스 **Ceres**
미네르바 **Minerva** ★ 아폴로 **Apollo** ★ 디아나 **Diana** ★ 마르스 **Mars**
베누스 **Venus** ★ 메르쿠리우스 **Mercurius** ★ 베스타 **Vesta** ★ 플루토 **Pluto**

The gods of Greek mythology & Constellations

염소자리(12. 22~1. 20)
Capricorn
캐프리콘

물병자리 (1. 21~2. 18)
Aquarius
어퀘리어스

물고기자리(2. 19~3. 20)
Pisces
파이시스

양자리(3. 21~4. 19)
Aries
에리즈

황소자리(4. 20~5. 20)
Taurus
토로스

쌍둥이자리(5. 21~6. 21)
Gemini
제미나이

게자리(6. 22~7.22)
Cancer
캔써

사자자리(7. 23~8. 22)
Leo
리오

처녀자리(8. 23~9. 22)
Virgo
버:고

천칭자리(9. 23~10. 22)
Libra
리브롸

전갈자리(10. 23~11. 22)
Scorpio
스콜피오

사수자리(11. 23~12. 21)
Sagittarius
쌔쥐테리어스

명석한 두뇌 | 풍부한 감수성 | 강한 생명력과 통솔력 | 온화함, 안정된 삶
풍부한 유머와 위트 | 강한 생활력과 인내심 | 명랑, 열정 | 탁월한 예술 감각
이성적인 행동 | 자신만의 세계 추구 | 뛰어난 현실 감각 | 온화하지만 단호한 성격

어머니
mother
마더

열정
passion
패션

미소
smile
스마일

사랑
love
러브

영원
eternity
이터너티

환상적인
fantastic
판타스틱

운명
destiny
데스티니

자유(권위나 통제로부터의)
freedom
프리덤

자유(국가로부터 보장받은)
liberty
리버티

평온
tranquility
트랜퀼러티

평화
peace
피스

꽃, 개화
blossom
블로썸

섬세, 우아함 **delicacy** 델리커시 ★ 고딕 양식의 **gothic** 고딕 ★ 굉장한 **smashing** 스매싱 ★ 아이고 **whoops** 웁스 ★ 만약 **if** 이프 ★ 광시곡 **extravaganza** 익스트래버갠자 ★ 역설 **paradox** 패러독스

햇빛
sunshine
썬샤인

연인
sweetheart
스윗하트

아주 멋진
gorgeous
고저스

소중히 여기다
cherish
체리쉬

우산
umbrella
엄브렐러

희망
hope
호프

우아함, 품위
grace
그레이스

무지개
rainbow
레인보우

파란, 파란색
blue
블루

해바라기
sunflower
썬플라워

반짝이다, 빛남
twinkle
트윙클

뜻밖의 발견
serendipity
쎄런디퍼티

Part 05 컬러와 자연

간질이다, 기쁘게 하다 **tickle** 티클 ★ 떠들썩한 **loquacious** 로퀘이셔스 ★
회전시소 **flip-flop** 플립플롭 ★ 작은 파편 **smithereens** 스미써린즈 ★ 이봐!
oi! 오이 ★ 전망대 **gazebo** 가제보 ★ 딸꾹질 **hiccup** 히컵

세상에서 가장 아름다운 영단어 ②

행복, 희열
bliss
블리스

자장가
lullaby
럴러바이

고상한
sophisticated
소피스티케이티드

문예부흥
renaissance
르네상스

근사한, 멋진
cute
큐트

아늑한
cosy
코지

나비
butterfly
버터플라이

은하수
galaxy
갤럭시

명랑한
hilarious
힐러리어스

순간, 기회
moment
모먼트

열의
enthusiasm
인써지애즘

물, 액체
aqua
아쿠아

★ 신조어 : ① 욜로(인생은 한 번 뿐) **YOLO(You Only Live Once)** ② 볼런투어리즘
(자원봉사 관광) **voluntourism(volunteer + tourism)** ③ 스탠키(강한 냄새를 풍기
는 물건) **stanky** ④ 프리건(재활용으로 의식주를 해결하는 사람) **freegan(free + vegan)**

정서, 감정
sentiment
쎈티먼트

세계주의
cosmopolitanism
코스모폴리타니즘

거품
bubble
버블

호박
pumpkin
펌프킨

바나나
banana
버내너

막대사탕
lollipop
롤리팝

캥거루
kangaroo
캥거루

호박벌
bumblebee
범블비

킥킥 웃다
giggle
기글

하마
hippopotamus
히포파터머스

코코넛
coconut
코코넛

까꿍 놀이
peek-a-boo
픽 어 부:

Part 05
집과 자연

⑤ 클릭티비즘(목적달성을 위한 SNS 행위) **Clicktivism(Click + Activism)** ⑥ 트워킹 (격렬한 엉덩이 춤) **twerking** ⑦ 웨비소드(온라인 전용 드라마) **webisode(web + episode)** ⑧ 애인 **Bae(Before Anyone Else)** ⑨ 브레인 페이드(멍 때리기) **brain fade**

컴팩트 단어장

Part 01 인간과 생활

Unit01 가족 Family　16쪽

할아버지	grandfather	그랜드파더
할머니	grandmother	그랜드마더
조부모	grandparents	그랜드 페어런츠
아버지	father	파더
어머니	mother	머더
부모, 어버이	parent	페어런트
남편	husband	허즈번드
아내	wife	와이프
형제, 형, 오빠, 아우	brother	브라더
자매, 언니, 누나, 여동생	sister	씨스터
아들, 자식	son	썬
딸	daughter	도터
아저씨	uncle	엉클
아주머니	aunt	앤트
장인, 시아버지	father-in-law	파더 인 로:
장모, 시어머니	mother-in-law	마더 인 로:
처부모, 시부모	parents-in-law	페어런츠 인 로:
형수, 계수, 동서	sister-in-law	씨스터 인 로:
처남, 매부, 시숙	brother-in-law	브라더 인 로:
사촌, 종형제	cousin	커즌
조카	nephew	네퓨
조카딸	niece	니스
며느리	daughter-in-law	도터 인 로:
사위	son-in-law	썬 인 로:

Unit02 외모 ① Appearance ①　18쪽

외모 지상주의	lookism	루키즘
얼굴형	face shapes	페이스 쉐입스
마름모꼴	diamond	다이아몬드
역삼각형	inverted triangle	인버티드 트라이앵글
타원형	oblong	오브롱
계란형	oval	오블
직사각형	rectangle	렉탱글
둥근형	round	라운드
사각형	square	스퀘어
건성 피부	dry skin	드라이 스킨
지성 피부	oily skin	오일리 스킨
갈색 피부	brown skin	브라운 스킨
푸석푸석한 피부	crumbly skin	크럼블리 스킨
검은 피부	dark skin	다크 스킨
하얀 피부	fair skin	페어 스킨
주근깨	freckle	프레클
피부가 좋은	good skin	굿 스킨
점	mole	모울
여드름 난 얼굴	pizza face	핏자 페이스
거친 피부	rough skin	러프 스킨

피부관리	skin care	스킨 케어
피부색	skin-color	스킨 컬러
햇볕에 탄	sunburnt	썬번트
미백	whitening	화이트닝

Unit03 외모 ② Appearance ②　20쪽

대머리	bald	볼:드
금발 머리	blonde	블론드
곱슬머리	curly hair	컬리 헤어
짙은 머리	dark hair	다크 헤어
밝은 머리	fair hair	페어 헤어
긴 머리	long hair	롱 헤어
뒤로 묶은 머리	pony tail	포니 테일
짧은 머리	short hair	숏트 헤어
직모	straight hair	스트뤠잇트 헤어
턱수염	beard	비어드
염소수염	goatee	고우티:
콧수염	mustache	머스태쉬
구레나룻	side burn	사이드번
짧고 억센 수염	stubbles	스터블스
고양이 수염	whiskers	위스커스
코주부	bignose	빅 노우즈
보조개	dimple	딤플
쌍꺼풀	double-eyelid	더블 아이리드
주근깨가 난	freckled	프레클드
이마 주름	forehead wrinkles	포어헤드 링클즈
진한 화장	heavy makeup	헤비 메이컵
팔자 주름	laugh lines	래프 라인즈
딸기코	red nose	레드 노우즈
주름	wrinkle	링클

Unit04 외모 ③ Appearance ③　22쪽

매력적인	attractive	어트랙티브
몸집이 큰	beefy	비:피
배불뚝이	beer belly	비어 벨리
통통한	chubby	처비
귀여운	cute	큐:트
뚱뚱한	fat	팻
근사한	gorgeous	고저스
섹시한	hot	핫
허리가 잘록한	hourglass	아워글래스
허리 군살	love handle	러브 핸들
근육질의	muscular	머스큘러
비만인	obese	오우비스:
노안의	aged	에이지드
몸매가 엉망인	out of shape	아웃 오브 쉐이프
비만인	overweight	오버웨잇트
통통한	plump	플럼프
부스스한	disheveled	디셰블드
말라빠진	skinny	스키니
날씬한	slim	슬림

땅딸막한	stocky	스토키
마른	thin	씬
추한	ugly	어글리
몸매가 좋은	well built	웰 빌트
동안의	young	영

Unit05 헤어스타일 Hairstyle 24쪽

앞머리	bangs	뱅스
이발소	barbershop	바버샵
이발사	barber	바버
머리를 말리다	blow dry	블로우 드라이
단발머리	bob haircut	밥 헤어컷
바가지 머리	bowl cut	보울 컷
머리를 땋다	braid one's hair	브레이드 원스 헤어
군인 머리	buzz cut	버즈 컷
단발머리	chin-length bob	친 렝스 밥
이대팔 머리	comb over	콤 오버
크루 커트	crew cut	크루 컷
염색하다	dye	다이
상고머리	flat top	플랫 탑
곱슬머리	curly hair	컬리 헤어
반백의 머리	grey	그레이
미용실	hair salon	헤어 쌀롱
가르마	part	파:트
파마	perm	퍼엄:
삐삐머리	pigtail	피그테일
묶은 머리	ponytail	포니테일
헝클어진 머리	messy hair	메시 헤어
올린 머리	bun	번
올림머리	updo	업두
웨이브진 머리	wavy hair	웨이비 헤어

Unit06 감정 Emotions 26쪽

화난	angry	앵그리
짜증난	annoyed	어노이드
걱정스러운	anxious	앵셔스
경악하는	astonished	어스토니쉬드
지루한	bored	보어드
행복한	delighted	딜라잇티드
우울한	depressed	디프레스드
실망한	disappointed	디스어포인티드
역겨워하는	disgusted	디스거스티드
열정적인	enthusiastic	인쎄지애스틱
신난	excited	익싸이티드
지친	exhausted	이그조스티드
분노하는	furious	퓨리어스
행복한	happy	해피
격노한	livid	리비드
불행한	miserable	미저러블
기쁜	pleased	플리즈드
편안한	relaxed	릴랙스드

슬픈	sad	새드
스트레스 받는	stressed	스트레스트
놀란	surprised	써프라이즈드
피곤한	tired	타이어드
녹초가 된	weary	웨어리
걱정하는	worried	워리드

Unit07 성격, 기질 ① Character① 28쪽

멍 때리는	absent-minded	앱슨트 마인디드
대담한	adventurous	어드벤처러스
거만한	arrogant	애러건트
지루한	boring	보링
용감한	brave	브레이브
차분한	calm	카암:
신중한	cautious	코:셔스
건방진	cheeky	치키
명랑한	cheerful	치어풀
영리한	clever	클레버
자만심이 강한	conceited	컨씨티드
방종한	self-indulgent	셀프-인덜전트
겁 많은, 비겁한	coward	카워드
미친	crazy	크레이쥐
상스러운	crude	크루드
부정직한	dishonest	디스아니스트
반항하는	disobedient	디스 오베디언트
감정적인	emotional	이모셔널
외향적인	extroverted	엑스트러버티드
호의적인	friendly	프렌들리
재미있는	funny	퍼니
관대한	generous	제너러스
근면한	hard-working	하드 워킹
정직한	honest	아니스트

Unit08 성격, 기질 ② Character ② 30쪽

성급한	hot-headed	핫 헤디드
조급한	impatient	임페이션트
건방진	impolite	임폴라이트
충동적인	impulsive	임펄시브
총명한	intelligent	인텔리전트
내성적인	introverted	인트로버티드
친절한	kind	카인드
게으른	lazy	레이지
인색한	mean	미:인
겸손한	modest	마디스트
변덕스러운	moody	무디
사교적인	outgoing	아웃고잉
인내심이 있는	patient	페이션트
겸손한	polite	폴라이트
절조 있는	principled	프린씨플드
무례한	rude	루드
현명한	sensible	쎈서블

민감한	sensitive	쎈서티브
진지한	serious	씨리어스
수줍어하는	shy	샤이
속물의	snobbish	스나:비쉬
멍청한	stupid	스투피드
유능한	talented	탤런티드
재치 있는	witty	위티

Unit09 행동 ① Actions ①   32쪽

동의하다	agree	어그뤼:
나타나다	appear	어피어
감사하다	appreciate	어프리시에이트
믿다	believe	빌리브
속하다	belong	빌롱
고려하다	consider	컨시더
의심하다	doubt	다웃트
즐기다	enjoy	인조이
두려워하다	fear	휘어
느끼다	feel	휠:
발견하다	find	화인드
잊다	forget	훠겟
증오하다	hate	헤이트
가지다	have	해브
듣다	hear	히어
바라다	hope	호프
알다	know	노우
좋아하다	like	라이크
살다	live	리브
보다	look	룩
사랑하다	love	러브
의미하다	mean	미인:
주의하다	mind	마인드
필요하다	need	니드

Unit10 행동 ② Actions ②   34쪽

늦잠자다	oversleep	오버슬립
선호하다	prefer	프리풔
인식하다	recognize	뤠커그나이즈
깨닫다	realize	리얼라이즈
기운 나게 하다	refresh	리흐뤠쉬
기억하다	remember	리멤버
요구하다	require	뤼콰이어
~와 닮다	resemble	리젬블
쉬다	rest	뤠스트
만족시키다	satisfy	새티스화이
보다	see	씨
~으로 보이다	seem	씸
보이다	show	쇼우
냄새를 맡다	smell	스멜
들리다	sound	사운드
말하다	speak	스피크

추정하다	suppose	서포우즈
맛을 보다	taste	테이스트
생각하다	think	씽크
이해하다	understand	언더스탠드
잠 깨다	wake	웨이크
원하다	want	원트
바라다	wish	위쉬
일하다	work	워:크

Unit11 단어표현 ① Word Expressions ①   36쪽

에취	ahchoo	아:츄
삐~	beep(bleep)	빕(블립)
조잘조잘	bla bla	블라블라
철퍼덕	bloosh	블루쉬
부글부글(거품)	bubble bubble	버블버블
꽹그랑	crash	크래쉬
짝짝	clap clap	클랩클랩
아삭아삭	crunch	크런취
꾸물거리다	dilly-dally	딜리-댈리
땡땡	ding-dong	딩-동
앗싸	yay	예이
왁자지껄	hurly-burly	허얼리버얼리
만세	hurrah	허레이
딸랑 딸랑	jingle-jangle	징글-쟁글
우물우물	mumble	멈블
냠냠	munch crunch	먼취-크런취
까꿍	peek-a-boo	피카부
후두두	pitter patter	피터-패터
짝	smack	스맥
쿵쿵	sniff	스니흐
아주 작은	teeny-weeny	티니-위니
시계 소리	tick-tack	틱-택
야호	yippee	이피:
어이	yoo-hoo	유:-후:

Unit12 단어표현 ② Word Expressions②   38쪽

먼저 가세요.	After you.	애프터 유
그밖에 또 뭐요?	Anything else?	애니씽 엘스
반반 나누어 내지요.	Go fifty-fifty.	고우 피프티 피프티
알았어.	Got it.	갓잇
맞춰봐!	Guess what!	게스 왓
맹세해.	I swear.	아이 스웨어
그냥 농담이에요.	Just kidding.	저슷트 키딩
결국 돈이지 뭐.	Money talks.	머니 톡스
아주 좋아요.	Never better.	네버 베터
신경 쓰지 마세요.	Never mind.	네버 마인드
농담 아냐.	No kidding.	노 키딩
껌이죠.	No sweat.	노 스웻트
절대 안 돼!	No way!	노 웨이
그냥 그래!	Not bad!	낫 배드

다음으로 넘어 가요!	Skip it!	스킵 잇
진정해요!	Stay cool!	스테이 쿨
그야 경우에 따라서요죠.	That depends.	댓 디펜즈
그게 다야!	That's all!	댓츠 올
잘 되었네요.	That's good	댓츠 굿
시간 다 됐어.	Time's up.	타임스 업
날 믿어.	Trust me.	트러스트 미
이것도 좀 먹어봐.	Try some.	트라이 썸
위험해, 주의해요!	Watch out!	워치 아웃
왜 안 되는데?	Why not?	와이 낫

Unit13 단어표현 ③ Word Expressions ③   40쪽

뒤 좀 봐줘.	Back me up.	백 미 업
그만 좀 싸워.	Break it up.	브레이킷 업
확인해 봐봐.	Check it out.	첵키 라웃
두려워하지 마세요.	Don't be afraid.	돈 비 어프레이드
충분 하니까 이제 그만 해요.	Enough is enough.	이너프 이스 이너프
완전히 이해가 되세요?	Get the picture?	겟 더 픽쳐
한번 해보세요.	Go for it.	고 포릿
지금 가요.	I am coming.	아임 커밍
그러지 않을 걸.	I doubt it.	아이 다웃트 잇
이번에 내 차례야.	It's my turn.	잇츠 마이 턴
불공평해.	It's not fair.	잇츠 낫 페어
내버려 둬!	Let it be!	렛 잇 비
포기하지 마.	Don't give up.	돈 기브 업
너무 늦은 건 아냐.	Never too late.	네버 투 레이트
절대 안 돼.	Not a chance.	낫 어 챈스
주우세요!	Pick it up!	피키럽
맞춰봐!	Take a guess!	테이커 게스
가야 할 시간이야.	Time to go.	타임 투 고
끝내 줘.	Two thumbs up.	투 썸즈 업
뻔뻔하군!	What nerve!	왓 너브
요점이 뭐지요?	What's the point?	왓츠 더 포인트
여기가 어디야?	Where are we?	웨어 아 위
말씀만 하세요.	You name it.	유 네임 잇
지당하신 말씀.	You said it.	유 세딧

Unit14 직업 ① Job ①   42쪽

회계사	accountant	어카운턴트
배우	actor	액터
여배우	actress	액트리스
보험 계리인	actuary	액튜어리
골동품 거래인	antique dealer	앤티크 딜러
고고학자	archaeologist	아키알러지스트
건축가	architect	아키텍트
예술품 중개인	art dealer	아:트 딜러
예술가	artist	아:티스트

제빵사	baker	베이커
은행원	bank clerk	뱅크 클러크
이발사	barber	바버
여자 바텐더	barmaid	바메이드
술집 주인	barman	바맨
바텐더	bartender	바텐더
미용사	beautician	뷰티션
생물학자	biologist	바이알러지스트
경호원	bodyguard	바디가드
식물학자	botanist	보타니스트
술집 문지기	bouncer	바운서
벽돌공	bricklayer	브릭레이어
건설업자	builder	빌더
정육점 주인	butcher	부쳐
간호인	caregiver	케어기버

Unit15 직업 ② Job ②   44쪽

목수	carpenter	카펜터
계산원	cashier	캐쉬어
주방장	chef	세프
화학자	chemist	케미스트
공무원	civil servant	씨빌 써번트
작곡가	composer	컴포저
요리사	cook	쿡
시 의원	counsellor	카운셀러
세관원	customs officer	커스텀즈 오피서
실내장식가	decorator	데코레이터
치위생사	dental hygienist	덴탈 하이지니스트
치과 의사	dentist	덴티스트
탐정	detective	디텍티브
외교관	diplomat	디플로맷
편집자	editor	에디터
전기공	electrician	일렉트리션
기술자	engineer	엔지니어
부동산 중개인	real estate agent	리얼 이스테이트 에이전트
농부	farmer	파머
패션 디자이너	fashion designer	패션 디자이너
영화감독	film director	필름 디렉터
소방관	firefighter	파이어파이터
어부	fisherman	피셔맨
항공기 승무원	flight attendant	플라잇 어텐던트

Unit16 직업 ③ Job ③   46쪽

화초 재배자	florist	플로리스트
정원사	gardener	가드너
그래픽 디자이너	graphic designer	그래픽 디자이너
미용사	hairdresser	헤어드레서
가정주부	housewife	하우스 와이프
삽화가	illustrator	일러스트레이터
보험 중개인	insurance broker	인슈어런스 브로커

인테리어 디자이너	interior designer	인테리어 디자이너
통역사	interpreter	인터프리터
투자 분석가	investment analyst	인베숫먼트 애널리스트
언론인	journalist	저널리스트
판사	judge	저쥐
변호사	lawyer	로:여
강사	lecturer	렉춰러
사서	librarian	라이브레리언
기계공	mechanic	미캐닉
기상학자	meteorologist	미티어럴러지스트
모델	model	마들
음악가	musician	뮤지션
보모	nanny	내니
아나운서	newsreader	뉴스리더
간호사	nurse	너스
사무직원	office worker	오피스 워커
안경사	optician	옵티션

Unit17 직업 ④ Job ④

화가	painter	페인터
약사	pharmacist	파머시스트
사진사	photographer	포터그래퍼
물리학자	physicist	피지씨스트
물리 치료사	physiotherapist	피지오쎄러피스트
조종사	pilot	파일럿
미장공	plasterer	플래스터러
극작가	playwright	플레이롸이트
배관공	plumber	플러머
시인	poet	포이트
경찰관	police officer	폴리스 오피서
정치인	politician	폴리티션
집배원	postman	포스트맨
교황	priest	프리:스트
교도관	prison officer	프리즌 오피서
프로그래머	programmer	프로그래머
정신과 의사	psychiatrist	싸이카이어트리스트
접수 안내원	receptionist	리셉셔니스트
수거인	garbage man	가:비지 맨
연구원	researcher	리서쳐
항해사	sailor	세일러
남자 외판원	salesman	세일즈맨
과학자	scientist	싸이언티스트
조각가	sculptor	스컬퍼터

Unit18 직업 ⑤ Job ⑤

비서	secretary	쎄크리터리
경비원	security officer	씨큐리티 오피서
가수	singer	씽어
사회복지사	social worker	소셜 워커
군인	soldier	솔져

변호사	solicitor	솔리시터
남자 운동선수	sportsman	스포츠맨
여자 운동선수	sportswoman	스포츠우먼
주식거래인	stockbroker	스탁브로커
석공	stonemason	스톤메이슨
상점 경비원	store detective	스토어 디텍티브
가게 관리인	store manager	스토어 매니저
외과 의사	surgeon	써전
조사관	surveyor	써베이어
재단사	tailor	테일러
문신을 새기는 사람	tattooist	타투이스트
선생님	teacher	티쳐
전화 교환원	operator	어퍼레이터
임시 직원	temp	템프
타일 까는 사람	tiler	타일러
관광 안내원	tour guide	투어 가이드
교통 단속원	traffic warden	트래픽 워든
번역가	translator	트랜슬레이터
여행사 직원	travel agent	트래블 에이전트

Unit19 신체 ① The Body ①

머리	head	헤드
이마	forehead	포:헤드
눈	eye	아이
코	nose	노우즈
입	mouth	마우쓰
귀	ear	이어
목	neck	넥
어깨	shoulder	숄더
팔	arm	아:암
손	hand	핸드
가슴	breast	브뤠슷트
배	abdomen	앱드먼
허리	waist	웨이스트
엉덩이	hip	힙
다리	leg	레그
허벅지	thigh	싸이
무릎	knee	니:
발	foot	풋
발가락	toe	토우
뒤꿈치	heel	힐:
발등	top of the foot	탑 오브 더 풋
엄지발가락	great toe	그레잇 토우
검지발가락	long toe	롱 토우
중지발가락	middle toe	미들 토우
약지발가락	ring toe	링 토우
새끼발가락	little toe	리를 토우

Unit20 신체 ② The Body ②

얼굴	face	풰이스
머리카락	hair	헤어

정수리	top of the head	탑 오브 더 헤드
이마주름	forehead wrinkles	포어헤드 링클즈
미간	middle of the forehead	미들 오브 더 포헤드
눈썹	eyebrow	아이브로우
속눈썹	eyelashes	아이래쉬즈
쌍꺼풀	double eyelid	더블 아이리드
눈꼬리	eye's slant	아이즈 슬랜트
다크서클	dark circles	다크 써클즈
콧등	bridge of the nose	브리쥐 오브 더 노우즈
콧구멍	nostril	나스트럴
콧방울	rounded sides of the nose	라운디드 사이즈 오브 더 노즈
인중	philtrum	필트럼
귓볼	ear lobes	이어 로브스
광대뼈	cheekbone	칙본
볼	cheek	칙
턱	jaw	죠:
턱선	jawline	죠:라인
손바닥	palm	팜:
엄지손가락	thumb finger	썸 핑거
검지손가락	index finger	인덱스 핑거
중지손가락	middle finger	미들 핑거
약지손가락	ring finger	링 핑거
새끼손가락	little finger	리틀 핑거
윗입술	upper lip	어퍼 립
잇몸	gum	검
입술	lips	립스
목젖	Adam's apple	애덤즈 애플
목구멍	throat	쓰로웃
혀, 혓바닥	tongue	텅
이빨, 이	tooth	투스
아랫입술	lower lip	로워 립

Part 02 사회와 생활

Unit21 날짜&시간 Date & Time　　　58쪽

날짜	date	데이트
하루	day	데이
새벽	dawn	던:
아침	morning	모닝
정오	noon	눈:
오후	afternoon	애프터 눈:
저녁	evening	이브닝
밤	night	나잇트
자정	midnight	미드나잇트
오늘	today	투데이
내일	tomorrow	투모로우:
오늘 밤	tonight	투나잇트
어제	yesterday	예스터데이

30분	half	하:프
한 시간	hour	아우어
분	minute	미닛트
초	second	쎄컨드
시간	time	타임
3시	three o'clock	쓰리 어클락
6시	six o'clock	씩스 어클락
9시	nine o'clock	나인 어클락
10시 15분	ten fifteen	텐 피프틴
11시 30분	eleven thirty	일레븐 써티
5시 45분	five forty-five	파이브 포티파이브

Unit22 요일과 달 Days of the Week & Months　　60쪽

요일과 달	day and month	데이 앤 먼쓰
월요일	Monday	먼데이
화요일	Tuesday	튜즈데이
수요일	Wednesday	웬즈데이
목요일	Thursday	써스데이
금요일	Friday	프라이데이
토요일	Saturday	쎄러데이
일요일	Sunday	썬데이
봄	spring	스프링
여름	summer	써머
가을	fall	폴
겨울	winter	윈터
1월	January	재뉴어리
2월	February	페뷰러리
3월	March	마취
4월	April	에이프럴
5월	May	메이
6월	June	준:
7월	July	줄라이
8월	August	오거슷트
9월	September	셉템버
10월	October	옥토버
11월	November	노벰버
12월	December	디쎔버

Unit23 날씨 Weather　　　62쪽

돌풍	blast	블래스트
차가운	cold	콜드
흐린	cloudy	클라우디
사이클론	cyclone	싸이클론
이슬	dew	듀:
이슬비	drizzle	드리즐
안개가 낀	foggy	포기
일기예보	forecast	포:캐스트
서리	frost	프로스트
강풍	gale	게일
어둑어둑한	gloomy	글루미
우박	hail	헤일

습한	humid	휴미드
허리케인	hurricane	허리케인
차디찬	icy	아이시
온화한	mild	마일드
축축한	moist	모이스트
후덥지근한	muggy	머기
소나기	shower	샤워:
진눈깨비	sleet	슬릿트
온화한	temperate	템퍼레이트
토네이도	tornado	토네이도
회오리바람	twister	트위스터
태풍	typhoon	타이푼

Unit24 여가 활동 Leisure Activities　　64쪽

무도회	ball	볼:
발레	ballet	발레이
꽃꽂이	flower arrangement	플라워 어레인지먼트
콘서트	concert	콘:써트
드라마	drama	드라마
전시회	exhibition	엑스비션
축제	festival	페스티벌
영화	movie	무비
불꽃놀이	fireworks	파이어웍스
민속 음악	folk music	포크 뮤직
점성술	horoscope	호러스코프
재즈 음악	jazz music	재즈 뮤직
마술	magic	매직
오페라	opera	아:프라
오케스트라	orchestra	오케스트라
그림	art	아트
(기분전환을 위한)오락	pastime	패스타임
연극	play	플레이
시	poem	포임
팝 뮤직	pop music	팝 뮤직
록 음악	rock music	락 뮤직
드라마	soap opera	솝 아:프라
흥청망청 쇼핑하기	shopping spree	쇼핑 스프리:
토크 쇼	talk show	톡크 쑈

Unit25 국경일&기념일　　66쪽
National Holidays & Anniversaries

새해	New Year's Day	뉴 이어스 데이
구정	Korean New Year's Day	코리안 뉴 이어스 데이
삼일절	Independence Movement Day	인디펜던스 무브먼트 데이
식목일	Arbor Day	아:버 데이
노동절	Labor Day	레이버 데이
어린이날	Children's Day	칠드런스 데이
어버이날	Parents' Day	페어런츠 데이

스승의 날	Teachers' Day	티쳐스 데이
석가탄신일	Buddha's Birthday	부다스 버쓰데이
현충일	Memorial Day	메모리얼 데이
제헌절	Constitution Day	컨스티튜션 데이
광복절	Independence Day	인디펜던스 데이
추석	Korean Thanksgiving Day	코리안 쌩스기빙 데이
국군의 날	Armed Forces Day	암드 포시스 데이
개천절	National Foundation Day	내셔널 파운데이션 데이
한글날	Hangul Proclamation Day	한글 프로클러메이션 데이
크리스마스	Christmas	크리스마스
킹 목사 탄생일	Martin Luther King Jr. Day	마틴 루터 킹 주니어 데이
전몰장병 추모일	Memorial Day	메모리얼 데이
독립기념일	Independence Day	인디펜던스 데이
노동절	Labor Day	레이버 데이
콜럼버스 기념일	Columbus Day	컬럼버스 데이
재향군인의 날	Veterans' Day	베트런스 데이
추수감사절	Thanksgiving Day	땡스기빙 데이

Unit26 행사용품 Event Supplies　　68쪽

풍선	balloon	벌룬:
양초	candle	캔들
샴페인	champagne	샴페인
어릿광대	clown	클라운
색종이 조각	confetti	컨페티
요정	elf	엘프
약혼반지	engagement ring	인게이지먼트 링
폭죽	firecracker	파이어크래커
불꽃놀이	fireworks	파이어윅스
화환	garland	가:런드
핼러윈 축제	Halloween	핼로윈
호랑가시나무	holly	할리
허니문	honeymoon	허니문
초대장	invitation	인비테이션
전등 장식	illumination	일루미네이션
도깨비불	Jack-o'-Lantern	잭 오 랜턴
포인세티아	poinsettia	포인세티아
순록	reindeer	뤠인디어
썰매	sleigh	슬레이
스노우 글로브	snow globe	스노우 글로브
눈송이	snowflake	스노우플레이크
장식 리본	ribbon	리번
면사포	veil	베일
화환	wreath	리:쓰

Unit27 스포츠 ① Sports ①　　70쪽

양궁	archery	아:쳐리
육상	athletics	애쓸래틱스
배드민턴	badminton	배드민튼

농구	basketball	배스킷볼
비치발리볼	beach volleyball	비취 발리볼
권투	boxing	박싱
카누 슬랄롬	canoe slalom	카누 슬랄럼
카누 스프린트	canoe sprint	카누 스프린트
비엠엑스 자전거 경기	bmx cycling	비엠엑스 싸이클링
자전거 도로 경기	road bicycle racing	로드 바이씨클 레이싱
다이빙	diving	다이빙
마장 마술	dressage	드레사쥐
장애물 비월	equestrian jumping	이퀘스트리언 점핑
펜싱	fencing	펜싱
축구	football	풋볼
골프	golf	골프
기계체조	gymnastics	짐내스틱스
리듬체조	rhythmic gymnastics	리드믹 짐내스틱스
핸드볼	handball	핸드볼
하키	hockey	하키
유도	judo	쥬:도
조정	rowing	로우잉
럭비	rugby	럭비
요트경기	sailing	쎄일링

Unit28 스포츠 ② Sports ②   72쪽

사격	shooting	슈팅
수영	swimming	스위밍
수중 발레	synchronized swimming	씽크로나이즈드 스위밍
탁구	table tennis	테이블 테니스
태권도	taekwondo	태권도
테니스	tennis	테니스
배구	volleyball	발리볼
수구	water polo	워터 폴로
역도	weightlifting	웨이트리프팅
레슬링 자유형	wrestling freestyle	뤠슬링 프리스타일
알파인 스키	alpine skiing	알파인 스킹:
바이애슬론(스키와 사격을 겸한 경기)	biathlon	바이애슬론
봅슬레이	bobsleigh	밥:슬레이
크로스컨트리 스키	cross country skiing	크로스 컨츄리 스킹:
컬링	curling	커얼링
피겨 스케이팅	figure skating	피겨 스케이팅
스키 자유형	freestyle skiing	프리스타일 스킹:
아이스하키	ice hockey	아이스 하키
루지(1인용 경주용 썰매)	luge	루지
쇼트 트랙 경기	short track speed skating	숏트랙 스피드 스케이팅
스켈레톤 경기(엎드린 자세로 행하는 속도 경기)	skeleton	스켈리튼

스키 점프	ski jumping	스키 점핑
스노보드	snowboard	스노우보드
스피드 스케이팅	speed skating	스피드 스케이팅

Unit29 야외 활동 Outdoor Activities   74쪽

당구 / (미국) 당구	billiards/pool	빌리어즈/풀
보트 타기	boating	보팅
번지 점프	bungee jumping	번쥐 점핑
카누	canoe	커누:
자동차 경주	car racing	카 뤠이씽
등산	climbing	클라이밍
자전거 타기	cycling	싸이클링
낚시	fishing	피싱
행글라이딩	hang gliding	행글라이딩
도보 여행	hiking	하이킹
경마	horse racing	호스 뤠이싱
열기구	hot air balloon	핫 에어 벌룬:
사냥	hunting	헌팅
인라인	in-line skating	인라인 스케이팅
제트스키	jet-ski	젯스키
모터사이클	motor cycle	모터 싸이클
산악자전거	mountain biking	마운틴 바이킹
패러글라이딩	paragliding	패러글라이딩
래프팅	rafting	래프팅
스카이다이빙	skydiving	스카이다이빙
서바이벌게임	survival game	써바이벌 게임
웨이크보드	wake-board	웨이크보드
수상스키	water skiing	워터 스킹
윈드서핑	wind surfing	윈드 서핑

Unit30 야외용품 Outdoor Equipment   76쪽

배낭	backpack	백팩
바비큐 그릴	barbecue grill	바비큐 그릴
쌍안경	binoculars	비나큘러스
가열 기구	burner	버너
캠핑 카	camper van	캠퍼 밴
나침반	compass	콤파스
갑판 의자	deck chair	덱 췌어
장갑	gloves	글러브즈
하이킹 신발	hiking boots	하이킹 부츠
칼	knife	나이프
랜턴	lantern	랜턴
매트	mat	맷
줄	rope	로프
꼬챙이	skewer	스큐어
침낭	sleeping bag	슬리핑 백
텐트	tent	텐트
보온병	thermos	써:머스
손전등	torch	토취
낚싯줄	fishing line	피싱 라인
낚싯바늘	hook	훅크

미끼	lure	루어
그물	net	넷
낚싯대	rod	로드
낚시도구 상자	tackle box	태클 박스

Unit31 취미 Hobby 78쪽

빵 굽기	baking	베이킹
인형 모으기	collecting dolls	컬렉팅 돌스
피규어 모으기	collecting figures	컬렉팅 피규어스
요리하기	cooking	쿠킹
춤추기	dancing	댄싱
그림 그리기	drawing	드로잉
종이 접기	doing origami	두잉 오리가미
외출하기	going out	고잉 아웃
조깅하기	jogging	조깅
음악 듣기	listening to music	리스닝 투 뮤직
프라모델 만들기	making a plastic model	메이킹 어 플래스틱 마들
비누 만들기	making soap	메이킹 숖
명상하기	meditating	메디테이팅
카드 게임하기	playing cards	플레잉 카즈
체스 게임하기	playing chess	플레잉 체스
컴퓨터 게임하기	playing a computer game	플레잉 어 컴퓨터 게임
우쿨렐레 연주하기	playing the ukulele	플레잉 더 유커레일리
열대어 기르기	raising tropical fish	레이징 트로피컬 피쉬
바느질하기	sewing	쏘잉
클레이 사격하기	skeet shooting	스킷 슈팅
쇼핑하기	shopping	쇼핑
사진 찍기	taking a picture	테이킹 어 픽쳐
여행하기	travelling	트래블링
걷기	walking	워킹

Unit32 영화 Film 80쪽

만화영화	animation	애니메이션
관객	audience	오디언스
광고판	billboard	빌보드
블록버스터(흥행 성공작)	blockbuster	블럭버스터
실수(NG)	bloopers	블루퍼스
매표소	box office	박스 오피스
카메오(깜짝 출연)	cameo	카메오
순정 영화	chick flicks	칙 플릭스
희극영화	comedy movie	코미디 무비
감독	director	디렉터
재난 영화	disaster movie	디재스터 무비
환타지 영화	fantasy	환타지
갱영화	gangster movie	갱스터 무비
공포영화	horror movie	호러 무비
영화관	movie theater	무비 씨에터

암흑가 영화	noir film	느와르 필름
사랑 영화	romance movie	로맨스 무비
영사막	screen	스크린
공상과학영화	sci-fi (=science fiction)	싸이-파이
스포일러(개봉 전에 내용을 미리 알려주는 것)	spoiler	스포일러
최루성 영화	tear jerker	티어 저커
공포영화	thriller	쓰릴러
영화 예고편	trailer	트레일러
영화를 보다	watch a movie	워취 어 무비

Unit33 음악 Music 82쪽

알토	alto	앨토
밴드	band	밴드
바리톤	baritone	배리톤
베이스	bass	베이스
블루스	blues	블루스
브라스밴드(금관 악기로 구성된 악단)	brass band	브라스 밴드
클래식 음악	classic music	클래식 뮤직
작곡가	composer	컴포저
지휘자	conductor	컨덕터
전자 음악	electronic music	일렉트로닉 뮤직
포크 음악	folk music	포크 뮤직
헤비메탈	heavy metal	헤비 메틀
힙합	hip hop	힙 합
재즈	jazz	재즈
음악가	musician	뮤지션
애국가	national anthem	내셔널 앤썸
오페라	opera	아:프라
오케스트라	orchestra	오케스트라
레게	reggae	레게
락	rock	락
소프라노	soprano	소프라노
현악 사중주단	string quartet	스트링 쿼텟
교향곡	symphony	심포니
테너	tenor	테너

Unit34 악기 Musical Instruments 84쪽

아코디언	accordion	어코:디언
키보드	keyboard	키보드
오르간	organ	오:르건
피아노	piano	피애노
더블 베이스	double bass	더블 베이스
첼로	cello	첼로
기타	guitar	기타:
하프	harp	하:프
비올라	viola	비올라
바이올린	violin	바이얼린

호른	horn	호:온
트롬본	trombone	트럼:본
트럼펫	trumpet	트럼펫
튜바	tuba	튜:바
백파이프	bagpipes	백파이프스
클라리넷	clarinet	클라리넷
플룻	flute	플루:트
오보에	oboe	오보우
피콜로	piccolo	피콜로
색소폰	saxophone	색서포운
심벌즈	cymbals	심벌즈
드럼	drums	드럼즈
탬버린	tambourine	탬버린
실로폰	xylophone	자일러폰

Unit35 미술 Art   86쪽

추상 미술	abstract art	앱스트랙트 아:트
응용 미술	applied art	어플라이드 아:트
미술 평론가	art critic	아:트 크리틱
미술 감독	art director	아:트 디렉터
미술 전시회	art exhibition	아:트 엑시비션
미술관	art gallery	아:트 갤러리
미술 공예품	art handcraft	아:트 핸드크랩트
미술 학원	art institute	아:트 인스티튜트
미술 세공품	art object	아:트 오브젝트
미술용품	art supplies	아:트 써플라이즈
미술 선생님	art teacher	아:트 티쳐
미술가	artist	아:티스트
이젤	easel	이:절
설치 미술	installation art	인스톨레이션 아:트
현대 미술	modern art	마든 아:트
유화	oil painting	오일 페인팅
붓	paint brush	페인트 브러쉬
물감	paints	페인츠
팔레트	palette	팔렛트
조형 미술	plastic art	플래스틱 아:트
대중 미술	pop art	팝 아:트
조각	sculpture	스컬ㅍ쳐
물통	water bucket	워터 버킷
수채화	watercolor	워터 컬러

Unit36 선 & 도형 Lines & Figures   88쪽

실선	solid line	쏠리드 라인
파선	dashed line	대쉬드 라인
점선	dotted line	돗티드 라인
곡선의	curved	커:브드
대각선의	diagonal	다이애그널
수평의	horizontal	허리즌틀
평행의	parallel	패러럴
직선의	straight	스트레이트

수직의	vertical	버티컬
물결 모양의	wavy	웨이비
지그재그의	zigzag	지그재그
원	circle	써:클
타원형	oval	오:벌
정삼각형	regular triangle	레귤러 트라이앵글
삼각형	triangle	트라이앵글
정사각형	square	스퀘어
직사각형	rectangle	렉탱글
마름모	rhombus	람:버스
평행사변형	parallelogram	패러렐로그램
사다리꼴	trapezoid	트래퍼조이드
오각형	pentagon	펜타곤
육각형	hexagon	헥싸곤
칠각형	heptagon	헵타곤
팔각형	octagon	옥타곤

Unit37 자판기호 Keyboard's Symbols   90쪽

~ 물결 기호	tilde	틸드
! 느낌표	exclamation mark	익스클러메이션 마크
@ 이메일 도메인 기호	at sign	앳 사인
# 해시태그	hashtag	해쉬태그
$ 달러 기호	dollar sign	달러사인
% 백분율 기호	percent sign	퍼센트사인
^ 액센트	circumflex	서큠플렉스
& and(앤드) 기호	ampersand	앰퍼샌드
* 별표, 백설표	asterisk	아스테리스크
( ) 삽입구	parenthesis	퍼렌써시스
– 하이픈/대쉬	hyphen / dash	하이픈 / 대쉬
_ 밑줄	underline / underbar	언더라인 / 언더바
+ 더하기	plus	플러스
= 같은 것	equal	이퀄
₩ 백슬래쉬(폴더 구분용 특수기호)	back slash	백 슬래쉬
	세로선	vertical bar	버티컬바
/ 슬래쉬	slash	슬래쉬
[ ] 대괄호	bracket	브래킷
{ } 중괄호	brace	브레이스
: 콜론	colon	콜론
; 세미콜론	semicolon	세미콜론
' 어포스트로피	apostrophe	어포스트로피
"/' 따옴표	quotation mark	쿼테이션 마크
. 마침표	period	피리어드

Unit38 이모티콘 Emoticons   92쪽

:(	슬프다
:-)	웃다
:*	키스
:-*	헉!
:@	뭐라고?

:-[	기분이 안 좋아	
:^D	잘했어, 좋아	
:-|	무표정	
:~/	그냥 그래	
:-|	결정되지 않았어	
:-C	안 믿겨져	
:-C	정말 우울해	
:-|	무관심	
:-o	와우	
:-P	에이~~	
:Q	뭐라고?	
:-Y	한쪽에서 침묵	
[]	포옹	
^	최고	
^5	하이파이브	
|-)	헤헤 웃다	
|-|	졸려	
|-O	하품	
):-<	화나다	

가능한 빨리	ASAP	(as soon as possible)
지금	ATM	(at the moment)
~전에	B4	(before)
남자친구	BF	(boyfriend)
이제 안녕!	BFN	(bye for now!)
남자형제	BRO	(brother)
그런데	BTW	(by the way)
보다/알다	C	(see)
또 봐!	CU	(see you)
왜냐하면	CUZ	(because)
다운로드	DL	(download)
말해도 돼	F2T	(free to talk)
여자친구	GF	(girl friend)
잘해	GFI	(go for it)
행복을 빌어	GL	(good luck)
훌륭한	GR8	(great)
알겠어.	IC	(I see)
신경 안 써!	IDC	(I don't care!)
난 몰라	IDK	(I don't know.)
정보	info	(information)

Unit39 인터넷 Internet　　　　　　　94쪽

페이지가 없음	404 error	포로포 에러
접근	access	액쎄스
첨부	attachment	어태취먼트
댓글	comments	코멘츠
연결하다	connect	커넥트
다운로드	download	다운로드
끌다	drag	드래그
방화벽	firewall	파이어월
설치하다	install	인스톨:
인터넷 서비스 제공자	ISP	아이에스피
정보통신 기술	IT	아이티
핫스팟	hotspot	핫스팟
눈팅족	lurker	러커
인터넷 중독	mouse potato	마우스 포테이토
피싱 사기	phishing	피싱
소셜 네트워크 서비스	SNS	에스엔에스
썸네일	thumbnail	썸네일
업로드하다	upload	업로드
사용자 이름	username	유저네임
동영상강의	video lecture	비디오 렉쳐
조회 수	views	뷰스
바이러스성의	viral	바이럴
웹 호스팅	web hosting	웹호스팅
무선 인터넷	wireless internet	와이어리스 인터넷

Unit40 영어 약어 English Abbreviations　　96쪽

오늘	2day	(today)
내일	2moro	(tomorrow)
영원히	4ever	(forever)
~로도 알려진	AKA	(also known as)

Part 03 여행과 교통

Unit41 공항 ① Airport ①　　　　　　100쪽

항공 화물	air cargo	에어 카고
항공 운임	airfare	에어페어
항공사	airline	에어라인
공항세	airport tax	에어포트 택스
도착 안내 전광판	arrivals board	어라이벌스 보드
수하물표	baggage check	배기쥐 첵
짐 찾는 곳	baggage claim	배기쥐 클레임
탑승	boarding	보딩
~행의	bound for	바운드 포
취소된 비행편	cancelled flight	캔슬드 플라잇트
탑승 수속	check-in	체크인
연결 비행편	connecting flight	커넥팅 플라잇트
통관	customs clearance	커스텀스 클리어런스
세관 직원	customs official	커스텀스 오피셜
(세관에) 신고하다	declare	디클레어
연착된	delayed	딜레이드
출발	departure	디파:쳐
출발 안내 전광판	departures board	디파:쳐스 보드
목적지	destination	데스티네이션
검색대	detector	디텍터
체류 기간	duration	듀레이션
면세점	duty-free shop	듀티 프리 샵
도착 예정 시간	ETA (= Estimated Time of Arrival)	
출발 예정 시간	ETD (= Estimated Time of Departure)	

Unit42 공항 ② Airport ②　　　　102쪽

비행기 편명	flight number	플라잇트 넘버
탑승구	gate	게이트
출입국 심사대	immigration	이미그레이션
안내소	information desk	인포메이션 데스크
검역	inspection	인스펙션
국제선	international line	인터내셔널 라인
연결 다리	jetway	젯웨이
도중하차	layover	레이오버
분실물 취급소	lost and found	로슷트 앤 파운드
분실물	lost property	로슷트 프라퍼티
라운지	lounge	라운쥐
수화물 보관	luggage storage	러기쥐 스토리쥐
방송하다	paging	페이징
승객 명단	passenger list	패신저 리스트
검역	quarantine	쿼:런틴:
항로	route	루:트/라우트
활주로	runway	런웨이
안전 지시	safety instructions	세이프티 인스트럭션스
도착 출발 전광판	schedule board	스케쥴 보드
보안요원	security guard	시큐리티 가드
대기자(명단)	standby	스탠바이
기착, 도중하차	stopover	스탑오버
매표소	ticket counter	티켓 카운터
환승	transfer	트랜스퍼

Unit43 비행기 ① Plane ①　　　　104쪽

항공 교통 관제	air traffic control	에어 트래픽 컨트롤
비행기 계단	air-stairs	에어 스테어스
통로 쪽 좌석	aisle seat	아일 씻
나쁜 날씨	bad weather	배드 웨더
담요	blanket	블랭킷
칸막이 벽	bulkhead	벌크헤드
비즈니스석	business class	비즈니스 클래스
기내	cabin	캐빈
기장	captain	캡틴
기내 휴대수하물	carry-on baggage	캐리온 배기쥐
조종석	cockpit	콕핏
입국 카드	disembarkation card	디스엠바:케이션 카드
국내선	domestic line	도메스틱 라인
일반석	economy class	이코노미 클래스
출국 카드	embarkation card	엠바:케이션 카드
응급 상황	emergency	이머전시
엔진	engine	엔진
일등석	first class	퍼숫트 클래스
부조종사 (co-pilot이라고도 알려짐)	first officer	퍼숫트 오피서
승무원	flight attendant	플라잇트 어텐던트
승객용 짐칸	freight hold	프레이트 홀드

비행기 동체	fuselage	퓨:설라쥐
기내 영화	in-flight entertainment	인플라잇트 엔터테인먼트
기내식	in-flight meal	인플라잇트 미일:

Unit44 비행기 ② Plane ②　　　　106쪽

비행기여행 시차에서 오는 피로	jetlag	젯래그
착륙	landing	랜딩
레그룸(다리 뻗는 공간)	legroom	레그룸
구명조끼	life vest	라이프 베스트
짐 넣는 선반	overhead rack	오버 헤드 랙
객실	passenger cabin	패신저 캐빈
베개	pillows	필로우스
기장	pilot	파일럿
창가자리	window seat	윈도우 씻
프로펠러	propeller	프로펠러
가벼운 식사	refreshments	리프레쉬먼츠
항로 변경	route changes	루:트 체인쥐스
좌석	seat	씻
좌석벨트	seatbelt	씻트벨트
멀미 봉투	sick bag	씩크 백
실내화	slippers	슬리퍼스
특별식	special meals	스페셜 미일스
일반석	standard seats	스탠더드 씻츠
남자 승무원	steward	스튜어드
여자 승무원	stewardess	스튜어디스
여행용 가방	suitcase	숫케이스
난기류	turbulence	터뷸런스
채식주의자	vegetarian	베지테리언
이륙	take off	테이크 오프

Unit45 교통수단 Transportation　　　　108쪽

비행기	airplane	에어플레인
구급차	ambulance	앰뷸런스
열기구	balloon	벌룬:
자전거	bicycle	바이씨클
보트	boat	보트
버스	bus	버스
객차	carriage	캐리쥐
덮개 차	convertible	컨버터블
소방차	fire engine	파이어 엔진
지게차	forklift	포:크리프트
헬리콥터	helicopter	헬리콥터
기관차	locomotive	로코모티브
오토바이	motorcycle	모터싸이클
산악자전거	mountain bike	마운틴 바이크
경찰 차	police car	폴리스 카
재활용 트럭	recycling truck	리싸이클링 트럭
노 젓는 배	rowboat	로:보트
스쿠터	scooter	스쿠터

지하철	subway	서브웨이
택시	taxi	택시
트랙터	tractor	트랙터
기차	train	트레인
전차	streetcar	스트릿트카
승합차	van	밴

Unit46 자동차 Car   110쪽

계기판	dashboard	대쉬보드
RPM 표시기	RPM indicator	알피엠 인디케이터
속도계	speedometer	스피다미터
연료 표시기	fuel gauge	퓨얼 게이쥐
핸들	steering wheel	스티어링 휠
브레이크 페달	brake pedal	브레이크 페달
가속장치	accelerator	액셀러레이터
경고등	hazard lights	해저드 라이츠
운전석	driver's seat	드라이버스 씨트
핸드 브레이크	hand break	핸드 브레이크
자동 기어	automatic gearshift	오토매틱 기어 시프트
수납대	storage	스토리쥐
잠금장치	lock	락
지붕	roof	루프
앞 유리	windscreen	윈드스크린
와이퍼	wiper	와이퍼
배터리	battery	배러리
보닛	hood	후드
헤드라이트	headlight	헤드라이트
방열판	radiator grille	라디에이터 그릴
번호판	number plate	넘버 플레이트
안개등	fog light	포그 라이트
범퍼	bumper	범퍼
타이어	tire	타이어
차문	car door	카 도어
손잡이	strap	스트랩
사이드 미러	wing mirror	윙 미러
연료 탱크	fuel tank	퓨얼 탱크
트렁크	trunk	트렁크

Unit47 버스 Bus   112쪽

버스 운전사	bus driver	버스 드라이버
버스 요금	bus fare	버스 페어
버스 여행	bus journey	버스 저:니
버스 전용차선	bus lane	버스 레인
버스 정류소	bus stop	버스 스탑
전세버스	chartered bus	차터드 버스
대형 관광버스	coach	코치
정차	comfort stop	컴포트 스탑
직행 버스	direct bus	다이렉트 버스
이층 버스	double-decker bus	더블 덱커 버스
고속버스	express bus	익스프레스 버스

시외버스	intercity bus	인터시티 버스
종착역	last stop	라슷트 스탑
만원버스	loaded bus	로우디드 버스
수화물 보관 공간	luggage hold	러기쥐 홀드
소형버스	microbus	마이크로 버스
다음 정거장	next stop	넥스트 스탑
야간 버스	night bus	나이트 버스
추월 차선	passing lane	패씽 레인
임시 버스 정류장	request stop	뤼퀘스트 스탑
정기 왕복 버스	shuttle bus	셔틀 버스
견인차가 달린 대형 버스	trailer bus	트레일러 버스
개조버스	transbus	트랜스 버스
휴게소	way-stop	웨이스탑

Unit48 기차 Train   114쪽

스페인의 고속 철도	AVE	에이브이이
승무원차(화물 열차)	caboose	커부스
칸막이 객실	compartment	콤파트먼트
중국의 고속철도	CRH	씨알에이치
유로스타	Eurostar	유로스타
유람 열차	excursion train	익스커젼 트레인
독일의 고속 열차	ICE	아이씨이
소지품 걸이	luggage rack	러기쥐 랙
단궤 열차	monorail	모노레일
승강장	platform	플랫폼
역에 들어오다	pull into	풀 인투
급행 화물열차	express freight train	익스프레스 프레이트 트레인
침실 기차	sleeper train	슬립퍼 트레인
(열차, 극장의) 입석 승객	standee	스탠디:
특실	stateroom	스테이트룸
미등	taillight	테일라잇트
프랑스 고속 열차	TGV	티쥐뷔
개찰구	ticket barrier	티켓 배리어
검표 승무원	ticket inspector	티켓 인스펙터
선로	track	트랙
기차 기관사	train driver	트레인 드라이버
전차	tram	트램
상행 열차	ascending train	어센딩 트레인
대합실	waiting room	웨이팅 룸

Unit49 배 Ship   116쪽

항공모함	aircraft carrier	에어크래프트 캐리어
바지 운반선	barge	바지
객실 번호	cabin number	캐빈 넘버
선장	captain	캡틴
화물선	cargo ship	카고 쉽
컨테이너선	shipping container	쉬핑 컨테이너

승무원	crew	크루:
원유운반선	crude oil tanker	크루드 오일 탱커
유람선	cruise ship	크루즈 쉽
원양어선	deep-sea fishing vessel	딥 씨 피싱 베쓸
정박하다	disembark	디스임바:크
출항하다	embark	임바:크
조업	fishing operation	피싱 오퍼레이션
어선	fishing vessel	피싱 베쓸
항구	harbor	하버
쇄빙선	icebreaker	아이스브레이커
구명조끼	life jacket	라이프 재킷
구조선	lifeboat	라이프보우트
항구	port	포:트
냉동선	refrigerated carrier	레프리저레이티드 캐리어
항해하다	sail	쎄일
뱃멀미	seasickness	씨씩크니스
잠수함	submarine	써브마린
군함	warship	워:쉽

Unit50 교통 Traffic · 118쪽

해외로	abroad	어브로드
운송하다	convey	컨베이
횡단보도	crosswalk	크로스워크
음주운전	drunk driving	드렁크 드라이빙
졸음운전	driving while drowsy	드라이빙 와일 드라우지
벌금	fine	파인
뺑소니	hit-and-run	힛앤런
사거리	intersection	인터섹션
무단횡단	jaywalking	제이워킹
과속	overspeed	오버스피드
승객	passenger	패신줘
포장도로	pavement	페이브먼트
보행자	pedestrian	퍼데스트리언
도로	roadway	로드웨이
로터리	roundabout	라운드어바웃
인도	sidewalk	사이드워크
표지판	signpost	싸인포스트
가로등	street lamp	스트릿램프
교통량	traffic	트래픽
신호등	traffic lights	트래픽 라이츠
지하도	underpass	언더패스
탈 것	vehicle	비히클
항해	voyage	보이쥐
난파	wreck	렉

Unit51 관광 ① Sightseeing ① · 120쪽

숙박 시설	accommodation	어커머데이션
수족관	aquarium	아쿠아리움
준비	arrangement	어레인쥐먼트

명소	attraction	어트랙션
잔고	balance	밸런스
이동 트랩	boarding ramp	보:딩 램프
식물원	botanical garden	보태니컬 가든
비즈니스 출장	business trip	비즈니스 트립
취소	cancellation	캔슬레이션
차멀미	carsickness	카씩크니스
벚꽃구경	cherry-blossom viewing	체리블로썸 뷰:잉
시내 관광	city sightseeing	씨티 싸이트씨:잉
기내 무료 서비스	complimentary service	컴플리먼터리 써비스
선박 여행	cruise	크루즈
행선지	destination	데스티네이션
(짧은) 여행	excursion	익스컬전
체험관	experience center	익스피리언스 쎈터
현장 학습	field trip	필드 트립
불꽃놀이	firework	파이어워:크
역사유적지	historic place	히스토릭 플레이스
휴가	holiday	할러데이
온천	hot spring	핫 스프링
날짜 변경선	International Date Line	인터내셔널 데이트 라인
여행 일정	itinerary	아이티너러리

Unit52 관광 ② Sightseeing ② · 122쪽

지역 명물	landmark	랜드마:크
현지인	locals	로컬스
기념비	memorial	메모리얼
야경	night view	나이트 뷰
전망대	observatory	오브저버토리
패키지여행	package tour	패키지 투어
도보로	on foot	온 풋
전망	outlook	아웃룩
야외 테라스	patio	파티오
사람 구경	people-watching	피플 워칭
상설전시관	permanent exhibition	퍼머넌트 엑시비션
야간 비행편	red-eye	레드 아이
유물	relics	렐릭스
물놀이	ripples	리플즈
여정	routing	라우팅
경치 좋은	scenic	씨:닉
매표소	ticket office	티켓 오피스
독행	traveling alone	트래블링 얼론
기념품	souvenir	수:브니어
동상	statue	스테츄
일광욕	sunbathing	썬베이딩
인기 관광지	hot spot	핫 스팟
트레킹 여행	trekking	트레킹
독특한 경험	unique experience	유니크 익스피리언스

Unit53 호텔 ① Hotel ①　　　　124쪽

숙박	accommodation	어커머데이션
편의시설	amenity	어메너티
민박 (침대와 아침을 제공해주는)	b & b	비앤비
침구	bedding	베딩
저렴한 호텔	budget hotel	버짓 호텔
캠핑장	campsite	캠프싸이트
객실 담당 여종업원	chambermaid	챔버메이드
체크인하다	check in	첵크인
체크아웃하다	check out	첵카웃
조식 무료	complimentary breakfast	컴플리먼터리 브렉퍼스트
관리인 (유럽)	concierge	컨씨어쥐
일회용품들	disposables	디스포저블즈
2인용 침실	double room	더블룸
기간	duration	듀레이션
연장하다	extend	익스텐드
침실에 딸려 있는 욕실	en-suite bathroom	언 스윗트 배쓰룸
보조 침대	extra bed	엑스트라 베드
패밀리 호텔(가족체류)	family hotel	패밀리 호텔
화재경보기	fire alarm	파이어 얼람:
민박집	guesthouse	게슷트하우스
호스텔	hostel	호스틀
청소부	housekeeper	하우스키퍼
분실물 보관소	lost and found	로슷트 앤 파운드
세탁 서비스	laundry service	런:드리 서비스

Unit54 호텔 ② Hotel ②　　　　126쪽

좀 더 넓은 방	a little bit larger room	어 리틀 빗 라저 룸
객실 청소	maid service	메이드 써비스
마일리지 포인트	mileage	마일리쥐
소형 냉장고	minibar	미니 바
금연 객실	non-smoking room	난 스모킹 룸
욕실이 딸린 1인실	one single with a bath	원 씽글 위드 어 배쓰
예약 초과	overbook	오버북
하룻밤	overnight	오버나잇트
청구서를 지불하다	pay the bill	페이 더 빌
특실	pent house	펜트 하우스
조용한 방	quiet room	콰이엇트 룸
안내원	receptionist	리셉셔니스트
예약	reservation	레저베이션
이동식 침대	roll-away bed	롤러웨이 베드
엘리베이터 근처에 있는 방	room near the elevator	룸 니어 디 엘리베이터
룸서비스	room service	룸 써비스
전망 좋은 방	room with a nice view	룸 위드 어 나이스 뷰:
1인용 객실	single room	씽글 룸
고급 객실	suite room	스윗트 룸
수영장	swimming pool	스위밍 풀
3인실	triple room	트리플 룸
2인실	twin room	트윈 룸
유효한 날짜	valid date	밸리드 데이트
모닝콜	wake-up call	웨이컵 콜

Unit55 레스토랑 Restaurant　　　　128쪽

전채요리	appetizer	에피타이저
계산서	bill	빌
술집	bistro	비스트로
요리사	chef	쉐프
요리법	cuisine	퀴진:
오늘의 음식	dish of the day	디쉬 오브 더 데이
식당	restaurant	레스토랑
고급 레스토랑	fancy restaurant	팬시 레스토랑
어린이용 의자	high chair	하이 췌어
남은 음식	leftover	레프트오버
점심 특별메뉴	lunch special	런취 스페셜
주 요리	main dish	메인 디쉬
예약하다	make a reservation	메이커 레저베이션
중간 정도로 익힘	medium	미디엄
주문	order	오더
잘 익은	over easy	오버 이지
너무 익은	overcooked	오버 쿡드
간단한 요기	quick bite	퀵 바이트
설익은	rare	뤠어
예약석	reserved seat	리저브드 씻트
간이식당	snack bar	스낵 바
팁이 포함됨	service included	써비스 인클루디드
가지고 나가다	take out	테이크 아웃
오늘의 특별 요리	today's special	투데이스 스페셜

Unit56 레스토랑_음식 Restaurant_Food　　　　130쪽

카나페	canapé	까나페
크럼블	crumble	크럼블
후식	dessert	디저트
생선튀김과 감자튀김	fish and chips	피쉬 앤 칩스
볶음밥	fried rice	프라이드 롸이스
그라탕	gratin	그래튼
라자냐	lasagne	러쟈냐
주 요리	main dish	메인 디쉬
섞음 구이	mixed grill	믹스트 그릴
오믈렛	omelet	오믈릿
구운 과자	pastry	페이스트리
푸딩	pudding	푸딩
구이 요리	roast	로스트
샐러드	salad	샐러드

재료를 뒤섞은 요리	scramble	스크램블
파이	pie	파이
셔벗	sorbet	솔베이
수프	soup	숩ː
스파게티	spaghetti	스파게티
특별 메뉴	special menu	스페셜 메뉴
스테이크	steak	스테이크
찌개요리	stew	스튜ː
타르트	tarte	타ː트
딤섬	dim sum	딤섬

Unit57 쇼핑 ① Shopping ①   132쪽

신상품	brand-new	브랜드 뉴
계산대	cash register, cashier	캐쉬 레지스터, 캐쉬어
저렴한	cheap	취프
재고정리 (세일)	clearance	클리어런스
하자가 있는	defective	디펙티브
할인	discount	디스카운트
비싼	expensive	익스펜시브
빠른 계산대	express counter	익스프레스 카운터
보증(서)	warranty, guarantee	워런티, 개런티
할부	installments	인스톨먼츠
무이자의	interest-free	인터레숫트 프리
비닐봉투	plastic bag	플래스틱 백
구입하다	purchase	퍼쳐스
적정한	reasonable	리즈너블
영수증	receipt	리씨트
환불	refund	뤼펀드
소매점	retailer	뤼테일러
매진	sold out	솔드 아웃
특별가	special offer	스페셜 오퍼
싸게 산 물건	steal	스티일
물건을 아끼는	stingy	스틴쥐
손수레	trolley	트랄ː리
포장하다	wrap	랩
염가판매	yard sale	야드 쎄일

Unit58 쇼핑 ② Shopping ②   134쪽

골동품 가게	antique shop	앤티ː크 샵
제과점	bakery	베이커리
마권 가게	bookmakers	북 메이커스
정육점	butcher's	붓쳐스
자동차 전시장	car showroom	카 쑈룸
자선 가게	charity shop	채러티 샵
약국	pharmacy	파ː머시
DIY 가게	DIY store	디아이와이 스토어
옷 가게	dress shop	드뤠스 샵
세탁소	dry cleaner's	드라이 클리너즈
생선가게	fishmonger	피쉬망거
꽃집	florist's	플로ː리스츠

원예 용품점	garden centre	가든 쎈터
잡화상	general store	제너럴 스토어
선물 가게	gift shop	기프트 샵
미용실	hairdresser's	헤어드레서즈
철물점	hardware shop	하드웨어 샵
매점	kiosk	키오스크
빨래방	laundromat	론드러맷
주류 판매하는 곳	liquor store	리쿼 스토어
중고품 가게	second-hand shop	쎄컨 핸드 샵
신발 수선 가게	shoe repair shop	슈 리페어 샵
문방구	stationery store	스테이셔너리 스토어
문신가게	tattoo shop	타투 샵

Unit59 응급상황 Emergency   136쪽

사고	accident	액시던트
앰뷸런스	ambulance	앰뷸런스
폭행	attack	어택
출혈	bleeding	블리딩
고장 나다	break down	브레익 다운
심폐소생술	CPR	씨피알
전화하다	dial	다이얼
지진	earthquake	어쓰퀘익
응급전화	emergency call	이머전시 콜
폭발물	explosive	익스플로시브
응급처치	first aid	퍼스트 에이드
펑크 나다	flat	플랫
비상등	hazard lights	해저드 라잇츠
두통	headache	헤드에익
차에 치다	hit	힛
다치다	hurt	허ː트
분실물 센터	lost and found	로스트 앤 파운드
소매치기	pickpocket	픽포킷
신고하다	report	리포트
강도	robber	라버
삐다	sprain	스프뤠인
테러	terror	테러
소화불량	upset stomach	업셋 스토믹
구토를 하다	vomit	바밋트

Unit60 방향 & 위치 Direction & Location   138쪽

~주변에	about	어바웃
~을 가로질러	across	어크로스
~후에	after	애프터
~을 따라	along	얼롱
~주위에	around	어라운드
~에	at	앳
~뒤에	behind	비하인드
방향	direction	디뤡션
~아래로	down	다운
거리가 먼	far	파ː

~로부터	from	프럼
~의 앞에	in front of	인 프런트 오브
계속 가다	keep going	킵 고잉
지도	map	맵
~에 가까운	nearby	니어바이
~ 옆에	next to	넥스트 투
~위에	on	온
~와 맞은편에	opposite	아파짓트
지름길	shortcut	숏컷
곧장	straight	스트뤠잇트
~로	to	투
~쪽으로	toward	투워드
돌다	turn	터언
~이내에	within	위드인

Part 04 의복과 음식

Unit61 의복 ① Clothes ① 142쪽

앞치마	apron	에이프런
보호복	armor	아:머
팔 없는 메리야스 상의	athletic shirt	애쓸레틱 셔츠
비치웨어	beach wear	비치 웨어
목욕 가운	bathrobe	배쓰 로브
나팔바지	bell-bottoms	벨 바텀스
팬티	briefs	브리프스
더블 재킷	blazer	블레이저
어깨망토	cape	케이프
카디건	cardigan	카:디건
외투, 망토	cloak	클록
옷, 의복	clothes	클로우즈
코트, 외투	coat	코트
복장	costume	커스튬:
면 남방	flannel shirt	플래널 셔트
운동복	gym clothes	짐 클로우즈
후드 티	hoodie	후디
윗옷	jacket	재킷
청바지	jeans	진:스
땀복	jogging suit	조깅 숫트
점퍼	jumper	점퍼
롱 코트	long coat	롱 코트
학생복	school uniform	스쿨 유니폼
군복	military uniform	밀리터리 유니폼

Unit62 의복 ② Clothes ② 144쪽

겉옷	garment	가:먼트
롱코트	overcoat	오버코트
파자마	pajamas	퍼자마스
바지	pants	팬츠
폴로셔츠	polo shirt	폴로 셔트
판초	poncho	판초
스웨터	pullover	풀오버
비옷	raincoat	뤠인코트
사롱	sarong	서롱:
중고 의류	second-hand clothes	쎄컨드 핸드 클로쓰
셔츠	shirt	셔트
반바지	shorts	숏츠
러닝셔츠	singlet	씽글렛
바지	slacks	슬랙스
스웨터	sweater	스웨터
수영복	swimsuit	스윔숫트
런닝	tank top	탱크 탑
끈 팬티	thong	썽:
짧은 코트	three-quarter coat	쓰리 쿼터 코트
트렌치 코드	trench coat	트렌치코트
터틀넥	turtleneck	터틀넥
속바지	underpants	언더 팬츠
평상복	casual clothes	캐주얼 클로쓰
고무 옷	wetsuit	웻숫트

Unit63 남성복 Men's Wear 146쪽

정장	attire	어타이어
허리띠	belt	벨트
나비넥타이	bow tie	보우 타이
사각 팬티	boxer shorts	박서 숏츠
남성용 내의	buds	버즈
가죽바지	chaps	챕스
정장용 와이셔츠	dress shirt	드레스 셔트
킬트	kilt	킬트
넥타이	necktie	넥타이
오버코트, 외투	overcoat	오버코트
남성복	man's wear	맨스웨어
체크무늬 남방	plaid shirt	플래드 셔트
바지	pants	팬츠
셔츠	shirt	셔트
양말	socks	싹스
운동복	sportswear	스포츠웨어
정장	suit	슈트
멜빵	suspenders	써스펜더스
바지	trousers	트라우저스
턱시도	tuxedo	턱시도
내의	undershirt	언더셔트
브이넥 스웨터	v-necked sweater	브이넥트 스웨터
조끼	waistcoat	웨이숫ㅌ코트
조끼	vest	베스트

Unit64 여성복 ① Women's Wear ① 148쪽

박스 코트	box coat	박스 코트
케이프 코트	cape coat	케이프 코트
더플 코트	duffle coat	더플 코트
피 코트	pea coat	피 코트
라글란 코트	raglan coat	라글란 코트

트렌치코트	trench coat	트렌치코트
랩 코트	wrap coat	랩 코트
어깨 망토	cape	케이프
나비 모양 매듭 리본	bow	보우
캐미솔	camisole	캐미솔
클래식 룩	classic look	클래식 룩
페전트 룩	peasant look	페전트 룩
띠	sash	새쉬
헐렁한 원피스	smock	스목
튜닉	tunic	튜닉
랩	wrap	랩
애프터눈 드레스	afternoon dress	애프터눈 드레스
끈 없는 드레스	bustier dress	뷔스티에 드레스
폭이 넓은 드레스	chemise dress	슈미즈 드레스
정식 드레스	evening dress	이브닝 드레스
임신복	maternity dress	매너니티 드레스
셔츠 드레스	shirt dress	셔트 드레스
달라붙는 드레스	slinky dress	슬링키 드레스
웨딩드레스	wedding dress	웨딩 드레스

Unit65 여성복 ② Women's Wear ②   150쪽

플레어스커트	flared skirt	플레어드 스커트
개더스커트	gathered skirt	개더드 스커트
플리츠스커트	pleats skirt	플리츠 스커트
미니스커트	mini skirt	미니스커트
서스펜더 스커트	suspender skirt	서스펜더 스커트
튜닉 스커트	tunic skirt	튜닉 스커트
랩어라운드스커트	wraparound skirt	랩어라운드 스커트
요크 스커트	yoke skirt	요크 스커트
슈미즈	chemise	슈미즈
콤비네이션	combination	콤비네이션
속바지	drawers	드로어즈
팬티	briefs	브리프스
브래지어	brassiere	브래지어
거들	girdle	거들
올 인 원	all in one	올인원
코르셋	corset	코르셋
여성용 속옷	lingerie	란제리
슬립	slip	슬립
캐미솔	camisole	캐미솔
플레어 팬티	flare panty	플레어 팬티
원피스형 여자 수영복	maillot	마:요
래시가드	rash guard	래쉬가드
허리받이	bustle	버슬
페티코트	petticoat	페티코트

Unit66 가방 & 소품 Bag & Miscellaneous Goods 152쪽

백 팩	back pack	백팩
클러치 백	clutch bag	클러치 백
크로스백	cross bag	크로스백

핸드백	handbag	핸드백
호보 백	hobo bag	호보백
쇼퍼 백	shopper bag	샵퍼백
숄더백	shoulder bag	숄더백
토트백	tote bag	토트백
팔찌	bracelet	브레이슬릿
귀마개	earmuffs	이어머프ㅅ
귀걸이	earrings	이어링스
장갑	glove	글러브
헤어밴드	hair band	헤어밴드
머리핀	hair pin	헤어핀
목걸이	necklace	넥클레이스
향수	perfume	퍼퓸
반지	ring	링
스카프	scarf	스카프
선글라스	sunglasses	썬글래시즈
우산	umbrella	엄브렐러
지갑	wallet	월릿
손목시계	watch	워치
발찌	anklet	앵클릿
브로치	brooch	브로취

Unit67 모자 Millinery   154쪽

야구모자	baseball cap	베이스볼 캡
비니모자	beanie	비:니
베레모	beret	베렛
맥고모자	boater	보터
털실 모자	bobble hat	보블 햇
보닛모자	bonnet	바닛
정장 모자	bowler	보울러
챙이 없는 모자	brimless hat	브림리스 햇
여성용 모자	capeline	케이프라인
정장 모자(여성용)	cloche	클로쉐
카우보이모자	cowboy hat	카우보이 햇
더비 모자	derby	더비
중절모(챙이 말린)	fedora	페도라
안전모	hard hat	하드 햇
헬멧(군인, 소방관 등)	helmet	헬멧
파나마모자	panama hat	파나마 햇
챙이 넓은 중절모	sombrero	솜브레로
밀짚모자	straw hat	스트로 햇
햇볕 가리는 모자	sun cap	썬 캡
실크해트(남성 정장용 모자)	top hat	탑 햇
귀 가림용 모자	trapper hat	트래퍼 햇
중절모	trilby	트릴비
터번	turban	터번
벙거지 모자	wicked hat	위키드 햇

Unit68 신발 Shoes   156쪽

부츠	boots	부츠

243

나막신	clogs	클라그스
카우보이 부츠	cowboy boots	카우보이 부츠
굽이 없는 신발	flats	플랫츠
슬리퍼	flip flops	플립 플롭스
하이힐	high heels	하이힐
등산화	hiking boots	하이킹 부츠
키튼 힐	kitten heels	키튼 힐스
간편화	loafers	로우퍼스
뒤축 없는 신발	moccasins	마커신즈
슬리퍼	mule	뮤:을
옥스퍼드 슈즈	Oxford shoes	옥스포드 슈즈
통굽 구두	platform shoes	플랫홈 슈즈
펌프스	pumps	펌프스
롤러스케이트	roller skates	롤러스케이츠
운동화	running shoes	러닝 슈즈
샌들	sandal	샌들
신발	shoes	슈:즈
슬링백	slingback	슬링백
슬리퍼	slippers	슬리퍼스
운동화	sneakers	스니커즈
뾰족구두	stiletto	스틸레토
고무 슬리퍼	thongs	써엉즈
어그	uggs	어그스

Unit69 주방용품 ① Kitchen Utensils ①   158쪽

밀폐 용기	airtight container	에어타이트 컨테이너
앞치마	apron	에이프런
빵 굽는 쟁반	baking tray	베이킹 트레이
바구니	basket	배스킷
믹서	blender	블렌더
사발, 용기	bowl	보울
버터접시	butter dish	버터 디쉬
도마	chopping board	챠핑 보드
젓가락	chopsticks	챱스틱스
큰 식칼	cleaver	클리:버
체, 여과기	colander	칼:랜더
그릇	container	컨테이너
솥, 냄비	cooker	쿠커
분쇄기, 파쇄기	crusher	크러셔
프라이팬	frying pan	프라잉 팬
유리제품	glassware	글래스웨어
강판	grater	그레이터
석쇠	grill	그릴
병(잼, 꿀 등)	jars	좌스
주전자	kettle	케틀
솥	cauldron	콜드런
주방가위	kitchen shears	키친 쉬어즈
국자	ladle	레이들
전자레인지	microwave	마이크로웨이브

Unit70 주방용품 ② Kitchen Utensils ②   160쪽

계량컵	measuring cup	메줘링 컵
믹서	mixer	믹서
막자사발, 절구	mortar	모:러
냅킨	napkin	냅킨
오븐용 장갑	oven glove	오븐 글러브
페달 휴지통	pedal bin	페들 빈
껍질 벗기는 칼	peeler	필러
압력솥	pressure cooker	프레셔 쿠커
굽는 기계	roaster	로스터
밀방망이	rolling pin	롤링 핀
주걱	spatula	스패츌러
수저	spoon	스푼:
스테이크 망치	steak hammer	스테익 해머
찜통	steamer	스티머
거르개	strainer	스트레이너
찻주전자	teapot	티팟
토스터	toaster	토스터
집게	tongs	텅스
이쑤시개	toothpick	투쓰픽
뒤집는 주걱	turner	터너
쟁반	tray	트레이
거품기	whisk	위슥
중국 냄비	wok	웍:
껍질 벗기는 칼	zester	제스터

Unit71 주방용품 ③ Kitchen Utensils ③   162쪽

뼈나 가시를 바르는 칼	boning knife	보닝 나이프
빵 칼	bread knife	브레드 나이프
큰 식칼	cleaver	클리버
장식용 칼	decorating knif	데코레이팅 나이프
살코기용 칼	fillet knife	필릿 나이프
생선 칼	fish knife	피쉬 나이프
식칼	kitchen knife	키친 나이프
과도	paring knife	페어링 나이프
빵 칼	pastry knife	페이스트리 나이프
껍질 벗기는 칼	peeling knife	필:링 나이프
스테이크 칼	steak knife	스테이크 나이프
다용도 칼	utility knife	유틸리티 나이프
맥주잔	beer mug	비어 머그
샴페인 잔	champagne flute	샴페인 플루트
칵테일 잔	cocktail glass	칵테일 글래스
블랙커피용 잔	demitasse	데미태스
고블릿(유리, 금속 포도주잔)	goblet	가:블릿
데킬라 잔	margarita glass	마르가리타 글래스
머그잔	mug	머그
플라스틱 컵	plastic cup	플래스틱 컵
양주잔	shot glass	샷 글래스

찻잔	teacup	티 컵
보드카잔	vodka glass	버드카 글래스
와인 잔	wine glass	와인 글래스

Unit72 요리방법 Cooking 164쪽

굽다	bake	베이크
바비큐하다	barbecue	바비큐
끓이다	boil	보일
썰다	chop	챱
자르다	cut	컷
빼내다(물이나 액체 등을)	drain	드레인
굽다, 튀기다(기름에)	fry	프라이
갈다(강판에)	grate	그레잇트
굽다	grill	그릴
녹이다	melt	멜트
섞다, 혼합하다	mix	믹스
껍질을 벗기다(과일, 채소 등의)	peel	필:
붓다[따르다](그릇을 비스듬히 기울이고)	pour	푸어
굽다(오븐이나 불 위에서)	roast	로스트
섞다	scramble	스크램블
체로 치다, 거르다	sift	싶트
썰다(얇게)	slice	슬라이스
짜다(특히 손가락[손]으로 꼭)	squeeze	스퀴:즈
찌다(음식을)	steam	스팀:
끓이다(음식을 천천히)	stew	스튜:
젓다	stir	스터
맛보다	taste	테이스트
굽다(빵을 토스터 등에 넣어)	toast	토스트
휘젓다(달걀 등을)	whisk	위스크

Unit73 야채 & 채소 ① Vegetable ① 166쪽

아티초크	artichoke	아티초크
아스파라거스	asparagus	어스패러거스
아보카도	avocado	아보카도
바질	basil	베이즐
월계수 잎	bay leaves	베이 리브스
콩	bean	비:인
비트	beet	비:트
브로콜리	broccoli	브라클리
배추	cabbage	캐비쥐
당근	carrot	캐롯
콜리플라워, 꽃양배추	cauliflower	컬:리플라워
샐러리	celery	샐러리
고추	chilli	칠리

고춧가루	chilli powder	칠리 파우더
쪽파	chives	촤이브스
고수 잎	cilantro	씰랜트로
정향	clove	클로브
옥수수	corn	콘
애호박	courgette	컬젯
오이	cucumber	큐컴버
대추	dates	데잇츠
가지	eggplant	에그플랜트
마늘	garlic	갈:릭
생강	ginger	진저

Unit74 야채 & 채소 ② Vegetable ② 168쪽

대파	leek	릭
레몬그라스	lemongrass	레몬그래스
양상추	lettuce	레터스
박하 잎	mint leaves	민트 리브스
버섯	mushroom	머쉬룸
갓, 겨자	mustard	머스타드
올리브	olive	올리브
양파	onion	어니언
파프리카	paprika	퍼프리카
파슬리	parsley	파:슬리
콩	pea	피:
감자	potato	포테이토
페퍼민트	peppermint	페퍼민트
호박	pumpkin	펌프킨
무	radish	래디쉬
로즈메리(허브)	rosemary	로즈마리
작은 양파	shallot	샬럿:
시금치	spinach	스피니쉬
파	green onions	그린 어니언즈
고구마	sweet potato	스윗 포테이토
토마토	tomato	터메이토
심황	turmeric	터메릭
순무	turnip	터닙
애호박	zucchini	주:키니

Unit75 육류 Meat 170쪽

쇠고기	beef	비:프
닭고기	chicken	취킨
오리고기	duck meat	덕 미트
새끼 양고기	lamb	램브
양고기	mutton	머튼
잘게 썬 소고기	mince	민스
돼지고기	pork	포:크
소시지	sausage	쏘시쥐
칠면조	turkey	터키
송아지 고기	veal	비:을
사슴고기	venison	베니슨
말고기	horse meat	호스 미:트

245

양지머리	brisket	브뤼스킷트
최상급 스테이크용 고기	filet mignon	필레이 미뇽
갈비	rib	립
우둔살	rump	럼프
등심	sirloin	써로인
티 본 스테이크	T-bone steak	티본 스테이크
항정살	shoulder butt	숄더 벗
삼겹살	belly	벨리
안심	tender loin	텐더 로인
가슴살	breast	브렛스트
허벅지살	thigh	싸이:
다리살	leg	레그

Unit76 어류 Fish　　　　　　172쪽

전복	abalone	애벌로니
멸치	anchovy	앤쵸비
농어	bass	배스
오징어	calamary	캘러메리
잉어	carp	칼프
메기	catfish	캣피쉬
대구	cod	카드
골뱅이	conch	칸:취
조기	croaker	크로커
갈치	hairtail	헤어테일
청어	herring	헤링
바다가재	lobster	랍스터
고등어	mackerel	맥크럴
홍합	mussel	머슬
굴	oyster	오이스터
꽁치	saury pike	써:리 파이크
넙치	plaice	플레이스
명태	pollack	팔락
연어	salmon	쌔먼
꽁치	saury	써:리
도미	snapper	스내퍼
오징어	squid	스퀴드
송어	trout	트라웃트
참치	tuna	튜나

Unit77 유제품 Milk Products　　　174쪽

버터	butter	버터
버터밀크	butter milk	버터 밀크
치즈	cheese	치즈
연유	condensed milk	콘덴스드 밀크
코티지 치즈	cottage cheese	카티쥐 치즈
크림	cream	크림
크림 치즈	cream cheese	크림 치즈
크렘 프레쉬	crème fraîche	크렘 프레쉬
유제품	dairy products	데어리 프로덕츠
달걀	egg	에그

풀어놓고 기른 닭의 달걀	free range egg	프리 레인지 에그
생크림	fresh cream	프레쉬 크림
프로마쥬 프레이	fromage frais	프로마쥐 프레
고지방 우유	full-fat milk	풀 팻 밀크
젤라토	gelato	즐라토
염소 우유로 만든 치즈	goat's cheese	고츠 치즈
마가린	margarine	마:저린
마요네즈	mayonnaise	메이어네즈
우유	milk	밀크
분유	powdered milk	파우더드 밀크
리코타 치즈	ricotta	리카타
저지방 우유	semi-skimmed milk	쎄미 스킴드 밀크
강화 저지방 우유	skimmed milk	스킴드 밀크
요구르트	yoghurt	요거트

Unit78 냉동식품 외 Frozen and processed Foods　　176쪽

베이컨	bacon	베이큰
찐 콩	baked beans	베이크드 빈스
옥수수 통조림	canned corn	캐니드 콘:
감자 칩	chips	칩스
쇠고기 소금절이	corned beef	코니드 비프
옥수수 가루	cornmeal	콘:밀
게맛살	crab stick	크랩 스틱
절인 고기	cured meat	큐어드 밋트
강장 캔디	energy bars	에너지 바즈
(스틱 모양의) 생선 튀김	fish fingers	피쉬 핑거스
어묵	fish cake	피쉬 케익
냉동 과일	frozen fruit	프로즌 프룻
냉동 피자	frozen pizza	프로즌 핏자
과즙	fruit juice	프룻 쥬스
당면	glass noodle	글래스 누들
햄	ham	햄
아이스크림	ice cream	아이스크림
가공육	lunch meat	런치 밋트
땅콩버터	peanut butter	피넛 버터
파이 속	pie fillings	파이 필링스
방부제	preservative	프리저버티브
폴렌타(이탈리아 요리 옥수수 가루로 만든 음식)	polenta	폴렌타
샐러드 드레싱	salad dressing	샐러드 드레싱
토마토 통조림	tinned tomatoes	틴드 토메이토즈

Unit79 빵 Bread　　　　　　178쪽

베이글(도넛같이 생긴 딱딱한 빵)	bagel	베이글
바게트	baguette	바겟트
빵가루	bread crumbs	브레드 크럼즈
브레드 스틱	bread sticks	브레드 스틱스

갈색 빵	brown bread	브라운 브레드
번 빵	bun	번
차파티	chapati	춰파티
크로아상	croissant	크로아상
크럼핏	crumpet	크럼핏트
도넛	donut	도넛
포카치아	focaccia	포카샤
마늘빵	garlic bread	갈릭 브레드
햄버거 번	hamburger bun	햄버거 번
식빵	loaf bread	로프 브레드
머핀	muffin	머핀
난	naan	난:
팬케이크	pancake	팬케익
피타 빵	pita	피타
프레첼	pretzel	프레츨
파이	quiche	키쉬
롤빵	rolls	롤스
로티 빵	roti	로티
호밀 빵	rye bread	라이 브레드
스콘	scone	스콘

Unit80 소스 & 양념 & 통 Sauce, Seasonings & Containers 180쪽

안초비 소스	anchovy sauce	앤초비 소스
칠리소스	chili sauce	칠리 소스
식용유	cooking oil	쿠킹 오일
맛술	cooking wine	쿠킹 와인
소스	dip	딥
케첩	ketchup	케첩
올리브유	olive oil	올리브 오일
굴 소스	oyster sauce	오이스터 소스
후추	pepper	페퍼
고추장	red chili paste	레드 칠리 페이스트
소금	salt	쏠트
참기름	sesame oil	쎄서미 오일
간장	soy sauce	쏘이 소스
된장	soybean paste	쏘이빈 페이스트
물엿	starch syrup	스타:취 시럽
설탕	sugar	슈거
타바스코	tabasco sauce	터배스코 소스
식초	vinegar	비니거
감자 봉지	bag of potatoes	백 오브 포테이토즈
우유병	bottle of milk	바틀 오브 밀크
피클 병	jars of pickle	쟈스 오브 피클
치즈 통	packet of cheese	패킷 오브 치즈
구운 콩이 담긴 깡통	tin of baked beans	틴 오브 베이크트 빈스
아이스크림 통	tub of ice cream	텁 오브 아이스크림

Unit81 집의 종류 The Types of Houses 184쪽

아파트	apartment	아파트먼트
방갈로	bungalow	벙갈로우
이동식 주택	caravan	캐라반
아파트	condominium	콘도미니엄
시골의 작은 집	cottage	카:티쥐
성	castle	캐슬
두 세대용 건물	duplex	듀플렉스
공동 주택	flat	플랫
단독 주택	detached house	디태취드 하우스
선상가옥	house boat	하우스 보트
오두막	hut	헛트
한옥	Korean-style house	코리언 스타일 하우스
통나무집	log house	로그 하우스
대저택	mansion	맨션
이동 주택	mobile home	모바일 홈
궁전, 대궐	palace	팰리스
작은 호텔	pension	펜션
고급 옥상 주택	penthouse	펜트하우스
연립주택	row house	로 하우스
원룸	studio	스튜디오
수상가옥	stilt house	스틸트 하우스
인디언 천막	teepee	티:피:
기와집	tile-roofed house	타일 루프트 하우스
2층집	two-storied house	투 스토리드 하우스

Unit82 집의 부속물 The Parts of a House 186쪽

다락방	attic	애틱
지붕	roof	루프
화장실	lavatory	래버토리
침실	bedroom	베드룸
층계참	landing	랜딩
발코니	balcony	밸커니
복도	hall	홀
부엌	kitchen	키친
현관	front door	프론트 도어
지하실	basement	베이스먼트
일광욕실	sun lounge	썬라운쥐
라운지	lounge	라운쥐
창고	storage	스토리쥐
공부방	study	스터디
다용도실	utility room	유틸리티 룸
샤워실	shower room	샤워 룸
식당	dining room	다이닝룸
거실	living room	리빙룸
파티오	patio	패티오우

Unit83 가구 Furniture   188쪽

장식장	armoire	암와:
책장	bookcase	북케이스
캐비닛	cabinet	캐비닛
양복장	chiffonier	쉬퍼니어
서랍장	chest of drawers	체슷 오브 드로워즈
벽장	closet	클라짓
옷걸이	coat stand	코트 스탠드
찬장	cupboard	컵보드
진열장	display cabinet	디스플레이 캐비닛
서랍장	dresser	드레서
화장대	dressing table	드레싱 테이블
술 진열장	drinks cabinet	드링크스 캐비닛
문서 진열장	filing cabinet	파일링 캐비닛
수납상자	linen chest	리넨 체스트
술 진열장	liquor cabinet	리커 캐비닛
오토만	ottoman	오러맨
음식 운반 수레	serving cart	서빙 카트
선반	shelf	쉘프
신발장	shoe rack	슈 랙
진열장	showcase	쇼케이스
식기 수납장	sideboard	사이드보드
탁자	table	테이블
소파 겸용 침대	sofa bed	소파 베드
옷장	wardrobe	워드로브

Unit84 테이블 & 의자 Table & Chair   190쪽

술집 테이블	bar table	바 테이블
커피 테이블	coffee table	커피 테이블
컴퓨터용 책상	computer desk	컴퓨터 데스크
식탁	dining table	다이닝 테이블
회의용 테이블	conference table	컨퍼런스 테이블
화장대	dressing table	드레싱 테이블
작은 탁자	end table	엔드 테이블
신축 테이블	extension table	익스텐션 테이블
겹침 탁자	nest of tables	네스트 오브 테이블스
피크닉용 테이블	picnic table	피크닉 테이블
테라스용 테이블	patio table	파티오 테이블
작업대	work table	워크 테이블
안락의자	armchair	암:췌어
긴 의자	settee	세티
벤치	bench	벤취
긴 의자	chaise lounge	췌이즈 라운쥐
접이식 의자	folding chair	폴딩 췌어
등받이 의자	ladderback	래더백
발받침 의자	footstool	풋스툴
흔들의자	rocking chair	락킹 췌어
침대 겸용 소파	sofa-bed	소파 베드
사다리 겸용 의자	step chair	스텝 췌어
스툴	stool	스툴:
안락의자	wing chair	윙 췌어

Unit85 가정용품 ① Houseware ①   192쪽

에어컨	air conditioner	에어컨디셔너
보조 테이블	beside table	비사이드 테이블
담요	blanket	블랭킷
블라인드	blinds	블라인즈
책꽂이	bookshelf	북쉘프
빗자루	broom	브루:움
카펫	carpet	카:핏
시계	clock	클락
아기 침대	crib	크립
커튼	curtains	커:튼즈
쿠션	cushion	쿠션
책상	desk	데스크
이불	duvet	두벳
모자 걸이	hat stand	햇 스탠드
다리미	iron	아이언
다림질 판	ironing board	아이어닝 보드
등	lamp	램프
전구	light bulb	라이트 벌브
전등 스위치	light switch	라이트 스위치
매트리스	mattress	매트리스
침실용 탁자	nightstand	나잇스탠드
베개	pillow	필로우
베갯잇	pillowcase	필로우케이스
침대 시트	sheet	시:트

Unit86 가정용품 ② Houseware ②   194쪽

에어컨	air conditioner	에어컨디셔너
공기 청정기	air purifier	에어 퓨리파이어
쓰레기통	bin	빈
표백제	bleach	블리:취
양동이	bucket	버킷
제습기	dehumidifier	디휴미디파이어
세제	detergent	디터전트
식기 세척기	dishwasher	디쉬워셔
먼지 터는 솔	duster	더스터
전기난로	electric fire	일렉트릭 파이어
팬히터	fan heater	팬 히터
소화기	fire extinguisher	파이어 엑스팅귀셔
가스난로	gas fire	개스 파이어
가습기	humidifier	휴미디파이어
전자레인지	microwave oven	마이크로웨이브 오븐
자루걸레	mop	몹
오븐	oven	오븐
난방기	radiator	뤠이디에이터
냉장고	refrigerator	리프리저레이터
재봉틀	sewing machine	쏘잉 머쉰

손전등	torch	토취
진공청소기	vacuum cleaner	배큠 클리너
정수기	water purifier	워터 퓨리파이어
환풍기	window fan	윈도우 팬

Unit87 가정용품 ③_공구 Houseware ③　　196쪽

볼트 / 너트	bolt / nut	볼트 / 너트
나사(못) / 못	screw (spike) / nail	스크루 (스파이크) / 네일
망치	hammer	해머
나무망치	mallet	맬릿
드라이버	screwdriver	스크루 드라이버
톱	handsaw	핸드쏘
펜치	pliers	플라이어즈
니퍼	nipper	니퍼
전동드릴	electric drill	일렉트릭 드릴
스패너	spanner	스패너
렌치	wrench	렌치
수평기	sprit level	스프리트 레벨
글루 건	glue gun	글루건
목공용 송곳	gimlet	김릿
공구함	toolbox	툴박스
전단기(원예용)	shear	쉬어
가위(금속 절단용)	snips	스닙스
삽	shovel	셔블
삽	spade	스페이드
모종삽	trowel	트로월
곡괭이	pickax	픽액스
갈퀴	rake	레이크
손도끼	hatchet	해취트
발판 사다리	stepladder	스텝 래더

Unit88 욕실용품 Bathroom Ware　　198쪽

욕실용 매트	bath mat	배쓰 매트
욕조 장난감	bath toys	베쓰 토이즈
욕조	bathtub	배쓰텁
클렌저	cleanser	클렌저
빗	comb	코옴
수도꼭지	faucet	포:씻
냄새 제거제	deodorant	디오더런트
전기면도기	electric razor	일렉트릭 레이저
머리빗	hair brush	헤어브러쉬
핸드 로션	hand lotion	핸드 로션
거울	mirror	미러
구강 청결제	mouthwash	마우쓰워쉬
향수	perfume	퍼퓸
배관청소기구	plunger	플런저
선반 걸이	rack	랙
면도기	razor	뤠이저
체중계	scale	스케일
면도용 크림	shaving cream	쉐이빙 크림
샤워기	shower	샤워

자외선 차단제	sunscreen	썬스크린
티슈	tissues	티슈즈
휴지	toilet paper	토일릿 페이퍼
칫솔	toothbrush	투쓰브러쉬
치약	toothpaste	투쓰페이스트

Unit89 자연 Nature　　200쪽

대기	atmosphere	앳모스피어
만	bay	베이
터지다	burst	벌스트
재난	catastrophe	캐터스트로피
낭떠러지	cliff	클리프
사막	desert	데저트
재앙	disaster	디재스터
휴화산	dormant volcano	돌:먼트 볼케이노
가뭄	drought	드라우트
지진	earthquake	얼쓰퀘익
(화산의) 분출	eruption	이럽션
탈출하다	evacuate	이배큐에이트
홍수	flood	플러드
숲, 삼림	forest	포:리스트
중력	gravity	그래버티
(보통 bay보다 큰) 만	gulf	걸프
반구	hemisphere	헤미스피어
위도	latitude	래터튜드
경도	longitude	란쥐튜드
극지방의	polar	폴러
강우, 강설(량)	precipitation	프리씨피테이션
열대우림	rainforest	뤠인포:리스트
눈사태	avalanche	어밸랜치
해일	tidal storm	타이들 스톰

Unit90 환경 Environment　　202쪽

공기오염	air pollution	에어 풀루:션
대체 에너지	alternative energy	얼터너티브 에너지
기후 변화	climate change	클라이밋 체인쥐
(배가스) 배출(배기가스)	emission	이미션
멸종위기에 처한	endangered	인데인저드
에너지 위기	energy crisis	에너지 크라이시스
환경오염	environmental pollution	인바이런멘틀 풀루:션
(자동차의) 배기가스	exhaust	이그조스트
방사능 낙진	fallout	폴:아웃
화석연료	fossil fuel	파슬 퓨얼
매연	fume	퓨:움
지구 온난화	global warming	글로벌 워밍
온실효과	greenhouse effect	그린하우스 이펙트
핵분열	nuclear fission	뉴클리어 피션
공해	pollution	풀루:션

보존하다	preserve	프리저브
보호하다	protect	프로텍트
재활용하다	recycle	리싸이클
쓰레기	rubbish	러비쉬
부족, 결핍	shortage	숏티쥐
토양오염	soil pollution	쏘일 폴루션
교통 체증	traffic jam	트래픽 잼
수질오염	water contamination	워터 컨테미네이션
풍력	wind power	윈드 파워

Unit91 생물 Living things 204쪽

양서류	amphibian	앰피비언
조류	birds	버:르즈
육식동물	carnivore	카니버:
군락	community	커뮤니티
교배	crossbreeding	크로스브리딩
갑각류	crustacean	크러스태씨언
생태계	ecosystem	에코시스템
열매	fruit	프룻트
초원	grassland(s)	그래스랜드
초식동물	herbivore	허비버:
곤충	insect	인쎅트
잎	leaf	리:프
포유류	mammal	매멀
교미	mating	메이팅
사망률	mortality	모탈러티
잡식동물	omnivore	옴니버:
광합성	photosynthesis	포토씬써시스
식물	plants	플랜츠
영장류	primates	프라이메이티즈
파충류	reptile	렙타일:
설치류	rodents	로우든츠
씨앗	seed	씨드
진화론	theory of evolution	씨어리 오브 에볼루션
야생동물	wildlife	와일드라이프

Unit92 과학기술 Scientific Technology 206쪽

입체 프린터	3D printer	쓰리디 프린터
4차 산업혁명	fourth industrial revolution	포쓰 인더스트리얼 레볼루션
첨단 과학기술	advanced technology	어드밴스드 테크놀러지
인공지능	AI	에이아이
무인자동차	autonomous driving car	오토나머스 드라이빙 카
블루투스	bluetooth	블루투쓰
빅데이터	big data	빅 데이터
드론	drone	드론
지문인식	finger scan	핑거 스캔
어군 탐지기	fish finder	피쉬 파인더
연료전지	fuel cell	퓨얼 쎌

인간 복제	human cloning	휴먼 클로닝
사물인터넷	internet of things	인터넷 오브 씽즈
홍채인식	iris scan	아이리스 스캔
액정 디스플레이	LCD	엘씨디
나노 로봇	nano robot	나노 로봇
신소재	new material	뉴 머티리얼
광섬유	optical fiber	옵티컬 파이버
무인 비행기	pilotless aircraft	파일로리스 에어크래프트
최첨단의	state-of-the-art	스테이트 오브 디 아:트
줄기세포	stem cell	스템 쎌
수술용 로봇	surgical robots	써지컬 로봇츠
가상현실	virtual reality	버츄얼 리얼리티
개인 유전자 분석	personal genetic analysis	퍼스널 제네틱 어낼러시스

Unit93 병명 ① Names of Diseases ① 208쪽

아픔, 통증	ache	에익
알레르기	allergy	앨러지
관절염	arthritis	아:쓰라이티스
아토피	atopy	애터피
자폐증	autism	오:티즘
물집	blister	블리스터
혈압	blood pressure	블러드 프레셔
멍	bruise	브루:즈
화상	burn	버언:
암	cancer	캔써
충치	cavity	캐버티
한기	chills	칠스
콜레라	cholera	칼:레러
감기	cold	콜드
변비	constipation	칸스티페이션
기침	cough	커:프
치매	dementia	디멘시아
당뇨병	diabetes	다이아비티스
설사	diarrhea	다이어리어
어지럼증	dizziness	디지니스
질병	disease	디지:즈
장염	enteritis	엔터라이터스
습진	eczema	에그제마
열	fever	휘버

Unit94 병명 ② Names of Diseases ② 210쪽

독감	flu	플루:
식중독	food poisoning	푸드 포이즈닝
심장 마비	heart attack	하:트 어택
두통	headache	헤데익
열사병	heatstroke	히:트스트로크
간염	hepatitis	헤퍼타이티스
가려움	itch	이:취
불면증	insomnia	인삼:니아

말라리아	malaria	멀레리아
메스꺼움	nausea	너:지어
코피	nosebleed	노우즈블리드
비만	obesity	오비:시티
골다공증	osteoporosis	아:스티오퍼로시스
공포증	phobia	포비아
중독	poisoning	포이즈닝
류머티즘	rheumatism	류머티즘
골절	sprain	스프레인
어깨 결림	stiff neck	스티프 넥
위통	stomachache	스토먹케이크
뇌졸중	stroke	스트로크
수술(외과)	surgery	써저리
궤양	ulcer	얼써
바이러스	virus	바이러스
상처	wound	운:드

Unit95 의학 & 의약품 ① Medicine ①　　212쪽

접착성 밴드	adhesive bandage	어드히시브 밴디쥐
제산제	antacid	앤터시드
알레르기약	antiallergic drug	안티앨러직 드럭
지사제	antidiarrhea	안티다이어리어
소독제	antiseptic	앤티셉틱
아스피린	aspirin	애스피린
붕대	bandage	밴디쥐
이담제	cholagogue	칼라가그
탈지면	cotton	코튼
기침 감기약	cough syrup	코:흐 시럽
소독약	disinfectant	디스인펙터트
드레싱, 붕대감기	dressing	드뤠싱
관장제	enema	에너머
(가래를 삭여 주는) 거담제	expectorant	익스펙터런트
안약	eye drops	아이 드랍스
해열제	fever reducer	피버 리듀서
구급상자	first aid kit	퍼슷트 에이드 킷
거즈	gauze	거즈
발모제	hair restorer	헤어 리스토어러
소화제	indigestion tablets	인다이제스천 태블릿츠
변비제	laxatives	랙서티브즈
립밤	lip balm	립밤
로션	lotion	로션
약물	medication	메디케이션

Unit96 의학 & 의약품 ② Medicine ②　　214쪽

니코틴 패치	nicotine patch	니커틴: 패취
연고	ointment	오인트먼트
파스	pain relief patch	페인 릴리프 패취
진통제	painkillers	페인킬러스
해열제	paracetamol	패러씨터몰
알약	pill	필:

깁스, 반창고	plaster	플래스터
가루약	powder	파우더
처방전	prescription	프리스크립션
맥박	pulse	펄스
소생술	resuscitation	리써씨테이션
링거액	ringer's solution	링어스 솔루션
진정제	sedative	쎄더티브
수면제	sleeping tablet	슬리핑 태블릿
청진기	stethoscope	스테써스콥프
살균	sterile	스테를
자외선 방지 크림	sun block	썬 블락
주사기	syringe	씨린쥐
알약	tablet	태블릿
체온계	thermometer	써마:미터
멀미약	travel sickness tablet	트레블 씨크니스 태블릿
족집게	tweezers	트위저스
구충제	vermifuge	버미퓨즈
비타민 약	vitamin pills	바이터민 필:스

Unit97 탄생석 & 탄생화 Birthstone & Birth Flower　　216쪽

석류석(사랑, 진실)	garnet	가넷
자수정(평화, 성실)	amethyst	애머티스트
남옥(침착, 총명)	aquamarine	아쿠아마린
금강석(영원한 사랑)	diamond	다이아몬드
취옥(행복, 행운)	emerald	에메랄드
진주(건강, 권위)	pearl	펄:
홍옥(열정, 생명)	ruby	루비
감람석(지혜, 행복)	peridot	페리도트
청옥(자애, 성실)	sapphire	사파이어
단백석(희망, 순결)	opal	오팔
황옥(우정, 인내)	topaz	토파즈
터키석(행운, 성공)	turquoise	터코이즈
수선화(자존심)	daffodil	대포딜
물망초(나를 잊지 말아요)	myosotis	마이어소티스
데이지(희망, 평화)	daisy	데이지
금잔화(겸손, 인내)	marigold	메리골드
민들레(신뢰, 절개)	dandelion	댄더라이언
장미(사랑, 순결)	rose	로즈
라벤더(침묵)	lavender	라벤더
토끼풀(약속, 행운)	clover	클로버
에리카(고독)	heath	히쓰
국화(진실, 짝사랑)	mum	멈
초롱꽃(감사, 은혜)	bellflower	벨플라워
세이지(구원)	sage	세이지

Unit98 그리스 신화의 주신 & 별자리 The gods of Greek mythology & Constellations   218쪽

제우스	Zeus	그리스 신화의 주신
헤라	Hera	결혼과 가정의 여신
포세이돈	Poseidon	바다, 돌풍의 신
데메테르	Demeter	곡물과 수확의 여신
아테나	Athena	지혜, 전쟁, 문명의 여신
아폴론	Apollo	태양, 의술, 예언의 신
아르테미스	Artemis	달과 순결의 여신
아레스	Ares	전쟁, 투쟁의 신
아프로디테	Aphrodite	사랑과 미의 여신
헤르메스	Hermes	전령, 상업, 연설의 신
헤스티아	Hestia	화로와 불씨의 여신
하데스	Hades	명부의 신
염소자리 (12. 22~1. 20)	Capricorn	캐프리콘
물병자리 (1. 21~2. 18)	Aquarius	어퀘리어스
물고기자리 (2. 19~3. 20)	Pisces	파이시스
양자리 (3. 21~4. 19)	Aries	에리즈
황소자리 (4. 20~5. 20)	Taurus	토로스
쌍둥이자리 (5. 21~6. 21)	Gemini	제미나이
게자리 (6. 22~7.22)	Cancer	캔써
사자자리 (7. 23~8. 22)	Leo	리오
처녀자리 (8. 23~9. 22)	Virgo	버:고
천칭자리 (9. 23~10. 22)	Libra	리브라
전갈자리 (10. 23~11. 22)	Scorpio	스콜피오
사수자리 (11. 23~12. 21)	Sagittarius	쌔쥐테리어스

Unit99 세상에서 가장 아름다운 영단어 ① The most beautiful English words in the world ①   220쪽

어머니	mother	마더
열정	passion	패션
미소	smile	스마일
사랑	love	러브
영원	eternity	이터너티
환상적인	fantastic	판타스틱
운명	destiny	데스티니
자유(권위나 통제로부터의)	freedom	프리덤
자유(국가로부터 보장받은)	liberty	리버티
평온	tranquility	트랜퀼러티
평화	peace	피스
꽃, 개화	blossom	블로썸
햇빛	sunshine	썬샤인
연인	sweetheart	스윗하트
아주 멋진	gorgeous	고저스
소중히 여기다	cherish	체리쉬
우산	umbrella	엄브렐러
희망	hope	호프
우아함, 품위	grace	그레이스
무지개	rainbow	레인보우
파란, 파란색	blue	블루
해바라기	sunflower	썬플라워
반짝이다, 빛남	twinkle	트윙클
뜻밖의 발견	serendipity	쎄런디퍼티

Unit100 세상에서 가장 아름다운 영단어 ② The most beautiful English words in the world ②   222쪽

행복, 희열	bliss	블리스
자장가	lullaby	럴러바이
고상한	sophisticated	소피스티케이티드
문예부흥	renaissance	르네상스
근사한, 멋진	cute	큐트
아늑한	cosy	코지
나비	butterfly	버터플라이
은하수	galaxy	갤럭시
명랑한	hilarious	힐러리어스
순간, 기회	moment	모먼트
열의	enthusiasm	인써지애즘
물, 액체	aqua	아쿠아
정서, 감정	sentiment	쎈티먼트
세계주의	cosmopolitanism	코스모폴리타니즘
거품	bubble	버블
호박	pumpkin	펌프킨
바나나	banana	버내너
막대사탕	lollipop	롤리팝
캥거루	kangaroo	캥거루
호박벌	bumblebee	범블비
킥킥 웃다	giggle	기글
하마	hippopotamus	히포파터머스
코코넛	coconut	코코넛
까꿍 놀이	peek-a-boo	픽 어 부: